Auxiliando a humanidade a encontrar a Verdade

Numa Noite de Natal

© 2016 – Conhecimento Editorial Ltda

Numa Noite de Natal

J. W. Rochester / Vera I. Kryzhanovskaia
(1647 - 1680) / (1861 - 1924)

Todos os direitos desta edição reservados à
CONHECIMENTO EDITORIAL LTDA.
Rua Prof. Paulo Chaves, 276 – Vila Teixeira Marques
CEP 13485-150 — Limeira — SP
Fone: 19 3451-5440
www.edconhecimento.com.br
vendas@edconhecimento.com.br

Nos termos da lei que resguarda os direitos auto-
rais, é proibida a reprodução total ou parcial, de
qualquer forma ou por qualquer meio — eletrônico
ou mecânico, inclusive por processos xerográficos,
de fotocópia e de gravação — sem permissão por
escrito do editor.

Tradução:
Tatiana Karpechenko e Andriy Gnytka
Edição de texto: Margareth Rose F. Carvalho
Colaboração: Marta Fontin
Projeto gráfico: Sérgio F. Carvalho
Ilustração da capa: Banco de imagens

ISBN 978-65-5727-074-5

• Impresso no Brasil • Presita en Brazilo

Produzido no departamento gráfico de

Conhecimento Editorial Ltda
e-mail: conhecimento@edconhecimento.com.br

Dados Internacionais de Catalogação na Publicação (CIP)
(Angélica Ilacqua CRB-8 / 7057)

Rochester, John Wilmot, Earl of (Espírito)
   Numa Noite de Natal / obra psicografada por
Vera Ivanovna Kryzhanovskaia ; tradução de
Tatiana Karpechenko e Andriy Gnytka ; Limeira, SP
: 2ª ed. Editora do Conhecimento, 2021.
   138 p.

   ISBN 978-65-5727-074-5

   1. Obras psicografadas 2. Contos espíritas 3. Literatura russa I. Título II Krijanowski, W III.
Karpechenko, Tatiana IV. Gnytka, Andriy

16-0855   CDD – 133.9

Índices para catálogo sistemático:
1. Contos espíritas

J. W. Rochester

Numa Noite de Natal

Psicografado por
Vera Ivanovna Kryzhanovskaia

2ª edição
2021

Nossos sinceros agradecimentos a Antonio Rolando Lopes Júnior, estimado amigo que não hesita em despender todos os esforços possíveis para localizar obras de Rochester que se perderam ao longo do tempo; a Sergii Litvinenko e Lei Edward Han, que viabilizaram essa busca.

Eis um equipe de ouro!

Sumário

Apresentação 9

Numa noite de Natal 13

Uma noite nas catacumbas 23

Os vizinhos 36

Das trevas à Luz 60

O pacto 72

E os mortos vivem 100

Vera Ivanovna Kryzhanovskaia 130

Apresentação

Quase um século de História nos separam dos últimos anos da vida de Vera Kryzhanovskaia, médium russa que psicografava, através do transe sonambúlico, mensagens de Rochester, autor espiritual que nos brindou com inúmeros contos e romances históricos e ocultistas, tendo deixado a sua marca na literatura espírita por seus fortes ensinamentos de cunho moral, nos quais aborda as diversas facetas da Lei do Carma quando posta em prática. Aliás, 100 anos muito difíceis para a humanidade, repletos de extremos conflitos e sofrimentos para vários povos; período que ficou registrado no Éter pelas lágrimas que se derramaram por conta de mazelas, das quais a própria humanidade tem dificuldade de desvencilhar-se .

A Primeira Grande Guerra tinha acabado de eclodir, envolvendo várias nações num conflito cruel e sangrento, previsto e observado do Alto pela Espiritualidade, imprimindo a marca da Lei naqueles que mais tarde participariam de uma outra história.

A entrada do Império Russo no embate contra as forças alemãs (seus terríveis inimigos) ampliou as dificuldades econômicas que o país enfrentava e culminou no descontentamento da grande massa camponesa, que vivia em extrema pobreza. Essa insatisfação popular do povo russo, muito humilde na época, contra a guerra, impulsionou a abdicação do czar Nicolau II. Contudo, o governo provisório liderado por

Aleksandr Kerensky optou por permanecer no conflito, o que descontentou os anarquistas e os socialistas bolcheviques. O Império Alemão, aproveitando-se desse conturbado momento político russo, apoiou Vladimir Lenin a liderar os bolcheviques, culminando na Revolução Russa de 1917 e a tomada do poder. Imediatamente, começaram as negociações para a saída da Rússia da guerra mediante um acordo de paz com o Império Alemão.

Coube a Leon Trotsky, comissário de Relações Exteriores do governo bolchevique, a tarefa de negociar a paz com as forças das Potências Centrais (Império Alemão, Império Austro-húngaro, Bulgária e Império Otomano), o que de fato acabou acontecendo num dos mais vergonhosos acordos de paz, chamado de Brest-Litovsky. Nele, a Rússia concordava em ceder vários territórios aos inimigos: Finlândia, Estônia, Letônia, Lituânia, Polônia, Bielorrússia e Ucrânia, bem como alguns distritos turcos e georgianos que estavam sob seu domínio. Ao todo, a Rússia perderia um terço de sua população, metade de seu parque industrial e 90 por cento de suas minas de carvão.

Mas... e o que isso tem a ver com esta obra? É que a maioria das mensagens aqui publicadas fazem parte de uma coleção de contos referentes àquele período de lutas, dores e sofrimento extremo. *Numa Noite de Natal*, datado de 1906, e que empresta o nome à obra, conta a história de Faddei Gurievitch e seu acordo com as forças do mal para conquistar o poder, à custa de muito sangue russo, e a conquista do tão sonhado e cobiçado ouro. Surpreendentemente, o enredo se inicia na década de 90 do século XIX e atesta o sucesso de Faddei trinta anos depois do acordo feito com Mefistófeles, e ainda faz uma referência à guerra e ao vergonhoso tratado de paz, que viriam a acontecer na Rússia **cerca de vinte anos depois**... Não é difícil associar a história de Faddei à de Trotsky. Teria Rochester profetizado o destino da mãe Rússia?

A Revolução Russa e o fim da monarquia determinaram o exílio de Vera e a perda e destruição de seus livros publicados, que eram muito populares naquela época. É uma lástima que, em pleno solo russo, apenas sete décadas mais tarde suas obras começassem a ser redescobertas. Quantas pesquisas foram feitas em bibliotecas de todo o mundo para que vários textos, até então incógnitos, pudessem se tornar novamente públicos...

O Projeto Rochester nasceu de uma parceria entre a **EDITORA DO CONHECIMENTO** e um grande admirador das obras rochesterianas, tornando possível que muitos livros desconhecidos pudessem ser trazidos de várias partes do mundo, e fossem traduzidos para a língua portuguesa por uma equipe de colaboradores competentes, em que se envolveram outros tantos profissionais valiosos no trabalho de aquisição, revisão, edição e publicação, a fim de que o fiel leitor de Rochester pudesse comprazer-se com as inusitadas tramas criadas por ele, cheias de sobressaltos, à semelhança da vida real daqueles que se envolvem nos dramas do carma.

Graças ao empenho desses colaboradores, foi possível preparar mais esta coletânea de contos. Além de *Numa noite de Natal*, o conto inédito *Uma noite nas catacumbas*, de 1907, se passa, curiosamente, também numa noite de Natal, em que a história da fé e conversão cristã de um arqueólogo ateu, ocorrida por entre os labirintos das catacumbas romanas, durante uma expedição, faz vibrar o mais cético leitor pela maestria com que a agonia física e moral do personagem é narrada. Em plena China milenar, fomos presenteados com *Os vizinhos*, outra narrativa inédita, psicografada no ano de 1915, em que a Primeira Grande Guerra novamente é enfatizada como pano

Numa Noite de Natal

de fundo da trama rochesteriana: o Inferno já não comportava mais tantas almas perdidas em maldades e atrocidades cometidas pelos soldados alemães, liderados por Guilherme II. Satã, temendo recebê-los em seu Inferno, já lotado, então procura São Pedro, às portas do Paraíso, para fazer-lhe uma inusitada proposta...

Das trevas à Luz foi publicado em 1923, na Estônia, durante o exílio da médium. Entretanto, durante a tradução descobriu-se tratar do mesmo texto de *Confissões de um condenado*, já publicado no Brasil, e que narra a história de um traidor da pátria russa que tem sua alma salva pela fé, às vésperas da morte. *O Pacto*, escrito em 1904, e conhecido com o título de *O Príncipe do Ar,* narra mais um acordo diabólico; desta vez, feito pela jovem e apaixonada Tatiana com um espírito das trevas, com o intuito de conquistar seu amado conde Andrei, a qual irá sofrer as consequências do seu impensado ato.Por fim, *E os mortos vivem*, escrito em 1915, possui igualmente como cenário a Primeira Grande Guerra e enfatiza a vida Além-túmulo através da comunicação entre um soldado russo e sua mãezinha.

É verdade que cada vez mais se torna difícil a localização de obras perdidas, mas o sonho não pode acabar! Depois de um hiato de quase cinco anos, eis aqui novamente Rochester com sua didática ímpar que nos ajuda a colocar cada virtude no seu devido lugar. Oxalá tenhamos sucesso, e que apareçam outras obras para publicar!!!

1

Numa noite de Natal

Era uma noite de frio intenso, no Natal do ano de 188... Flocos finos de neve caíam abundantemente. Na segunda hora da madrugada, as portas de entrada de um grande solar batiam a todo instante, deixando passar os hóspedes que se retiravam. À entrada, chegavam coches e cupês, cujos cocheiros se movimentavam para conseguir acomodar todos os convidados.

Um dos hóspedes, contudo, não encontrou mais nenhuma carruagem por perto. Então, agasalhou-se bem com um casaco de pele e, resoluto, pôs-se a caminhar na escuridão, levando debaixo do braço um pacote. Na esquina mais próxima, ele se deparou com um condutor que cochilava, sacudiu-o para que despertasse, e finalmente foi para casa.

Chegando ao seu quarto, tirou o casaco de pele, entregando-o nas mãos da sonolenta criada, e dirigiu-se ao gabinete. Era um homem na flor da idade, enérgico, forte e alto, de barba castanha clara e olhar sombrio.

Faddei Gurievitch retornava do jantar com os familiares, depois de ter ido a uma festa natalina infantil.

"Primeiramente, vou abrir o presente daquele velho maluco", pensou, sentando-se à mesa e extraindo do bolso uma caixinha forrada com veludo azul.

Ao abri-la, tirou dela um largo anel de cor cinza, como se fosse fundido de aço, e, aproximando-o de uma lâmpada, passou a observá-lo detalhadamente.

O anel tinha um desenho de dois triângulos unidos, um branco e outro preto: o primeiro apontava para baixo, e o segundo para cima. No meio da figura, brilhavam três minúsculos rubis.

— Que anel mais estranho! E tem sinais cabalísticos... Será que aquele francês louco é maçom? O que será que deu na cabeça dele, para me presentear com esta coisa tão rara, e cara... não resta dúvida?!!! — resmungou Faddei Gurievitch. — Ah, e dentro tem algo escrito! — constatou, surpreso, apanhando a lupa para ler em seguida: "L'arme, une volonté d'acier. Le but, l'or, acheté par le sang".[1]

Quando conseguiu decifrar essa inscrição, um largo sorriso surgiu nos seus lábios.

— Então, o conselho é bom, mas somente se um dia eu puder realizá-lo. Vontade eu tenho; ouro eu adoro, e também não tenho medo de sangue.

Pondo o anel no dedo, ele se levantou e passou a desembrulhar um outro pacote, de onde tirou um quadro com uma moldura dourada, pondo-o na frente da lâmpada.

A linda tela era pintada a óleo e retratava Fausto e Mefistófeles,[2] no exato momento em que o espírito do mal surgiu na frente do cientista e lhe prometeu juventude eterna, riqueza, fama, bem como todos os benefícios da Terra, em troca de uma futilidade: a sua *alma*.

— Mas que pena que hoje em dia Mefistófeles já não está mais na Terra!!! — sorriu Faddei Gurievitch, colocando o quadro sobre a mesa. — Eu venderia de bom grado minha alma a ele, pois não preciso dela para nada. E vou dizer mais: ainda não tenho certeza de que ela realmente exista. Se Satanás chegasse aqui para levá-la, eu pelo menos saberia que possuo uma.

Ele apanhou da bandeja uma garrafa de vinho tinto, encheu a taça e sorveu-o de uma só vez. Em seguida, aproximou-se da janela e abriu as cortinas.

A neve havia parado de cair; a noite estava serena; no céu escuro faiscavam estrelas radiantes que desenhavam, como um disco prateado, a lua cheia, a qual inundava o quarto com uma luz brilhante de nuances azuladas...

---

1 "A arma é uma vontade de aço. O objetivo é o ouro, comprado pelo sangue".
2 Referência ao poema épico de Goethe que relata a tragédia de dr. Fausto, homem das ciências que, desiludido com o conhecimento de seu tempo, decide então vender sua alma ao Diabo em troca de poder, fama, riqueza e juventude.

— Exatamente como no quadro, também um luar... Ah, Goethe, que sonhador! Como ele descreveu maravilhosamente o contrato de Fausto com o Diabo! Eu o invejo. Sério!... Mas que pena... que pena que são apenas sonhos, e eu, tão ambicioso, aqui mergulhado nesta realidade miserável, tendo de me arrastar como uma tartaruga, e ainda agradecer se conseguir terminar minha carreira no cargo de diretor ou de conselheiro. Que nojo!

Ele então sentou-se no peitoril, contemplando a camada de neve que brilhava como diamante. De repente, a lâmpada se apagou, e ele virou-se para trás, surpreso. Agora, o quarto estava mergulhado na escuridão, que foi cortada por um largo raio de tom azulado, vindo da janela.

No fundo do quarto, perto da mesa, onde estava o quadro, elevou-se uma nuvem purpúrea, que cresceu, depois avolumou-se mais e iluminou com uma luz rubra um vulto humano, alto e esbelto, de malha preta colada ao corpo.

Pálido feito o luar, o rosto do desconhecido era muito bonito, mas tal beleza era sinistra, com grandes olhos sombrios e indecifráveis, e nas madeixas escuras e grossas brilhavam pequenos chifres escarlates.

— Você queria me ver, amigo, então eu vim! — disse o estranho hóspede. — Perdoe-me, mas equivocou-se ao concluir que não farei mais aquisições na Terra. Estou sempre pronto para negociar almas que me possam ser úteis, embora tenha de lhe confessar que o acordo com Fausto não foi lucrativo. No momento, estou pronto para comprar a sua, e pago bem, pode acreditar!

Pingando de suor frio, Faddei Gurievitch olhou para ele, pensando: "Será que é um sonho? Ou este fenômeno é real?".

— Provavelmente vamos conseguir chegar a um acordo: você é ambicioso e parece que sonha em ser enaltecido; adora ouro e não tem medo de sangue; e eu posso lhe dar tudo o que você deseja. Mas lembre-se de que eu também exijo muito. Em compensação, elevarei você do anonimato aos píncaros do poder. Meus servos desobstruirão o seu caminho para que alcance as mais elevadas honras. Você vai ter tanto ouro que poderá atirá-lo como pedras sem valor. Esse enorme país e os seus milhões de habitantes lhe serão subservientes, e você vai chegar ao topo do trono. Porém, digo mais uma vez: eu dou muito, mas exijo muito em troca.

Mefistófeles se calou e olhou perscrutadoramente para o confuso dono do quarto, que se levantou estremecido e agitado. O monstro que estava dormindo dentro dele, então despertou.

— Leve a minha alma... se ela lhe vale tanto! — resmungou surdamente.

Um risinho achincalhante passou pelo rosto de Mefistófeles.

— Para dizer a verdade, sua alma nem vale tanto. Além dela, você terá de subordinar sua pátria a mim; e, a cada dia, deverá derramar um copo de sangue quente de corpos vivos.

Faddei Gurievitch afastou-se, assustado.

— Estarei obrigado também, além da minha alma, a vender minha pátria e derramar o sangue de seu povo? Mas de onde virá tanto sangue?

— Liderado por você, o país derramará sangue em tanta abundância que você vai poder banhar-se nele, se desejar.

Ele hesitou, travando uma luta mental. Não era exatamente um religioso, mas também não era completamente ateu. A consciência de que, juntamente com sua alma, deveria vender o destino do povo e derramar o seu sangue o fez arrepiar-se.

— Está em dúvida? Que vontade de aço! ha, ha, ha — zombou desdenhosamente Mefistófeles.

Então Faddei Gurievitch se rendeu. Ele era apenas um homem, e ainda não acreditava no triunfo do bem sobre a Terra, tampouco que seria capaz de amparar as pessoas ou ajudá-las a vencer os seus obstáculos.

Ele estendeu a mão, que Mefistófeles agarrou e apertou vigorosamente.

— Então estamos acordados! Não vou fazer você assinar

as condições com o seu sangue, mas tire a cruz e pise nela, e eu colocarei a minha chancela, a fim de que você seja reconhecido pelos meus criados. Onde quer que vá, eles irão em todos os lugares para semear a discórdia e a destruição. E quanto mais você se elevar, tanto mais crescerão a arbitrariedade e a desordem. O Inferno vai celebrar tanta orgia, como o mundo jamais vira antes! E se você precisar da minha ajuda, é só me chamar e eu aparecerei.

Com a mão, ele tocou na fronte de Faddei e sumiu. Nesse momento, a lâmpada se acendeu.

Num espelho à sua frente, ele pôde ver em sua testa a imagem de uma cruz invertida, com as letras "S.S."[2] nas laterais, e embaixo uma inscrição que dizia: "Traidor". Sentiu como se um anel de ferro apertasse sua cabeça, e desmaiou.

ꙮ ꙮ ꙮ

Faddei Gurievitch acordou num outro gabinete, mobiliado com luxo palaciano. Ele estava sentado à mesa, sobre a qual amontoavam-se pilhas de documentos. Despertou já idoso, com a barba acentuadamente grisalha, e, sob as rugas profundas que lhe sulcavam a testa, transparecia o selo do Diabo.

Era noite. Com a cabeça entre as mãos, ele quedou pensativo, e o passado reviveu em sua memória... Havia transcorrido mais de trinta anos desde aquela época em que, à sua frente, surgiu o próprio Mefistófeles. O príncipe das trevas realmente mantivera a sua promessa. Em saltos diligentes, superando todo tipo de obstáculos e galgando uma escalada de honrarias, ele ascendeu a alturas vertiginosas.

Para dizer a verdade, o ouro fluía para ele como um rio, da mesma forma que a essência da vida também se esvaía naquele país vendido a Satanás, onde o crescimento desenfreado da população deixava milhares de habitantes sobreviverem sem nenhuma assistência ou benefício, o que fora mais agravado

---

2 S. S. - Servus Satanas.

ainda pelas revoltas internas, restando somente o vazio e a indigência...

E a semente do Diabo, disseminada largamente entre o povo, germinou e floresceu: revoltas, greves, homicídios, incêndios, roubos, devastação e corrupção dos costumes, tudo isso era fruto do trabalho de Caim. A tempestade de agitação popular rugia sobre o país como numa embriaguez social, transtornando o seu fundamento.

Àquela altura, como zombaria, justamente ele, que muito tinha contribuído para esse ódio e animosidade civis, fora chamado para acalmar a situação.

— Você é mago e feiticeiro, pode então apaziguar essa convulsão desenfreada — lhe disseram.

Infelizmente, "o mago" só conhecia a ciência do mal que ensina a invocar as tempestades, mas não a dispersá-las. Porém, as desgraças do povo o elevaram ainda mais...

Depois, iniciou-se a guerra maldita,[3] arquitetada pelas maquinações do antigo inimigo de sua pátria, e, no momento mais adverso, sendo ele a arma de Lúcifer, assinou o mais vergonhoso tratado de paz[4] para o seu país...

Contudo, nem ele, nem Satanás, nada lucraram com isso. Embora a revolução[5] não o tenha aniquilado, o destino caprichoso o fez tombar de sua alta posição. Tampouco a pátria

---

3 A narrativa acontece no início de 188... e Faddei "acorda" 30 anos depois; no cálculo do tempo, o termo essa "guerra maldita" poderia ser uma referência à Primeira Grande Guerra (1914-1918), embora o conto seja datado de 1906, conforme relatado na *Apresentação* da obra. As notas seguintes confirmam essa hipótese através de outros acontecimntos históricos..

4 Possível referência ao Tratado de Brest-Litovski, que foi um acordo de paz assinado entre o governo bolchevique russo e as Potências Centrais (Império Alemão, Império Austro-húngaro, Bulgária e Império Otomano), em 3 de março de 1918, pelo qual era reconhecida a saída do Império Russo da Primeira Guerra Mundial. Em troca da paz, os termos assinados pelo então líder russo Leon Trotsky eram humilhantes, pois a Rússia abria mão do controle sobre a Finlândia, Países Bálticos (Estônia, Letônia e Lituânia), Polônia, Bielorrússia e Ucrânia, bem como dos distritos turcos de Ardaham e Kars, e do distrito georgiano de Batumi, antes sob seu domínio. Esses territórios continham um terço da população da Rússia, 50 por cento de sua indústria e 90 por cento de suas minas de carvão. A retirada da Rússia da guerra foi um dos principais objetivos da Revolução Russa de 1917, e uma das prioridades do recém-criado governo bolchevique. Na narrativa, Faddei parece interpretar a vida de Trotsky.

5 Da mesma forma, o autor parece se referir à Revolução Russa de 1917.

atraiçoada e vendida por ele pereceu, nem na rebelião, nem na guerra, como esperavam os inimigos.

Enquanto isso, a inércia a que ele fora obrigado a amargar não satisfez sua alma astuta e apaixonada, atormentada por uma ambição insaciável. Com ajuda dos seus aliados, judeus e alemães, ele se envolveu numa rede de intrigas e traições, tornando-se o dissimulado traidor do monstro sanguinário que sonhava em escravizar o mundo.

Mas, ainda assim, os resultados não adquiriram a forma desejada por ele e seus cúmplices. Em sua fúria cega, resolveu evocar o poderoso senhor que lhe comprou a alma em troca de ajuda, glória, vitória, sucesso absoluto e muitos triunfos. Efetivamente, Faddei Gurievitch havia suportado muitas decepções, amarguras, maldades e fracassos... Então levantou-se e bateu com o punho na mesa:

— Apareça, Satanás! — gritou, com a voz abafada e selvagem.

Um estalido seco ressoou dentro da parede como resposta às suas evocações, e a dois passos dele apareceu o espírito das trevas, como sempre zombeteiro e orgulhoso.

— Que ingrato! Eu cumpri tudo que prometi. Em troca de sua alma, vendida a mim, e da traição do seu povo, eu lhe dei poder, honras e até uma coroa, embora ela não fosse como você sonhava. Então, estamos quites! O que quer de mim?

— Eu quero que você proporcione uma rápida vitória aos seus fiéis servos e me devolva o meu antigo *status*, bem como ampla atividade e poder; em suma, tudo que eu mereço. Diga-me, finalmente, tudo o que poderei realizar!

Mefistófeles sorriu, maldoso e zombeteiramente.

— Quer saber sobre o futuro de sua carreira? Como queira!

Ele estendeu a mão, de onde jorrou um raio de fogo, do qual exalou denso vapor.

Faddei Gurievitch viu à sua frente algumas forcas, e, numa visão repugnante, reconheceu nos rostos deformados dos enforcados os seus "colegas" traidores.

Numa Noite de Natal

— O que significa isto? — perguntou, assustado.

— Este é o fim dos seus cúmplices. Mas, cuidado para não ser extraditado[6] por eles: assim você pode compartilhar o mesmo destino. ha, ha, ha!

Faddei Gurievitch empalideceu lividamente, com os cabelos arrepiados de horror. Como todo covarde, ele estava com medo do castigo e da vergonha.

— Salve-me! — berrou, como um louco. — Você tem que fazer isso!... Não se atreva a me deixar na mão, pois foi você quem me iludiu com suas promessas...

Satanás caiu na gargalhada novamente.

— Apesar de ter pago generosamente pelo seu serviço, não foi por minha minha culpa que você ficou completamente enredado na teia de várias vilanias, embora eu não me recuse a lhe indicar o caminho da salvação: o suicídio. Mas seja rápido!...

Em sua mão apareceu um copo preto fumegante em que luzia a palavra fosfórica: "veneno". Nesse momento, Mefistófeles desapareceu, mas o copo permaneceu na mesa.

Faddei Gurievitch pensou que ia sufocar. Tremendo como se estivesse com febre, aproximou-se da janela e recuou. Na frente de sua casa, parou uma carruagem, e dela saíram vários policiais, possivelmente para prendê-lo.

Estarrecido, ele agarrou o copo e o esvaziou. Mas, por não sentir a chegada da morte, enlouquecido de medo, correu para fora da casa...

Tal como Orestes perseguido pelas Eumênides,[7] ele corria, mas para onde quer que fosse, em todos os lugares, se deparava com a devastação: igrejas destruídas, aldeias desertas e queimadas, solares saqueados e devastados, em torno dos quais andavam tristemente, de roupas andrajosas, bandos de

6 Numa possível associação de Faddei com Leon Trotsky, realmente Trotsky foi afastado e expulso por Stalin do controle do partido e exilado da União Soviética, refugiando-se no México.

7 Orestes e as Eumênides são personagens integrantes da trilogia "Oresteia" (Agamémnon, Coéforas e Eumênides), tragédia grega escrita por Ésquilo que narra o assassinato de Agamémnon, rei de Argos, pela sua mulher Climnestra e seu amante Egisto. Orestes, vingador do pai, assassina sua mãe e Egisto. Depois de perpetrado o matricídio, o remorso apodera-se de Orestes e, como um louco, ele foge perseguido pelas Eumênides, deusas vingadoras de sua mãe.

homens, mulheres e crianças. Em cada passo, ele tropeçava em cadáveres, deslizava por poças de sangue e sufocava pelo odor cadavérico...

Exausto e suado pela louca corrida, chegou a um canto escuro e fresco, onde desmaiou na areia molhada.

Voltando a si e olhando ao redor, viu-se numa gruta. Perto dele havia um facistol de pedra, onde uma luz branda de lamparina iluminava um crucifixo. No facistol, estava o Evangelho aberto; suas páginas brilhavam com as seguintes palavras grafadas em letras de fogo: "Eu sou o bom pastor. O bom pastor expõe a sua vida pelas ovelhas. O mercenário, porém, que não é pastor, a quem não pertencem as ovelhas, quando vê que o lobo vem vindo abandona as ovelhas e foge; o lobo rouba e dispersa as ovelhas. O mercenário, porém, foge, porque é mercenário e não se importa com as ovelhas".[8]

Uma voz interna lhe sussurou:

— Arrependa-se de suas maldades e, com lágrimas de sangue, liberte sua alma do Inferno!

Assustado, ele olhava para a cruz que havia pisado antes, e para o Evangelho que nunca quis entender... Mas o arrependimento não veio: naquele coração rebelde ferviam paixões insatisfeitas, e ele desejava viver.

Com esforço desesperado, sacudiu o torpor que o imobilizava e fugiu. Logo depois, chegou a um penhasco selvagem, ao pé do qual se agitava o mar furioso.

De repente, das ondas escuras e desgrenhadas à sua frente, surgiu a imagem obscura e terrífica do senhor de sua alma...

— Será que você pensa em enganar o Inferno, assim como enganou antes o Céu? — ouviu-se a voz zombeteira. — Não, não pode me enganar! Siga-me, pois o seu caso malfadado acabou!

Ele o agarrou e o jogou nas ondas espumantes... Faddei Gurievitch soltou um grito frenético e... abriu os olhos.

Como antes, ele estava sentado no peitoril. A Lua havia

---

8 Evangelho de João, 10:11.

se posto fazia algum tempo; a lâmpada apagara-se e o quarto estava no escuro. Ainda sonolento, ele tocou com a testa o vidro frio da janela.

Faddei levantou-se, estirou os membros dormentes e deu um suspiro de alívio:

— Graças a Deus, foi apenas um pesadelo... ou talvez uma premonição?!!

1906

2

Uma noite nas catacumbas

I

Era 24 de dezembro. O frio inclemente e o vento que soprava da baía faziam circular no céu gélidos flocos de neve. Os peões, atrasados, dirigiam-se apressados para casa, agasalhados com grossos e surrados casacos de pele. Uma grande sala estava aquecida e confortável: pesadas cortinas vedavam as portas e as janelas, e um tapete macio estendia-se prazeiroso no chão, à frente da antiga lareira esculpida em mármore, cuja chama crepitava alegremente, iluminando de forma reluzente aquele ambiente. Sobre a mesa, um abajur rosa emanava branda luz, envolvendo a sala com uma penumbra leve e agradável.

Num sofá perto da mesa, sentava-se confortavelmente um homem de idade avançada; um cobertor de pelúcia sedosa agasalhava-lhe os pés, assentados sobre um macio travesseiro. Os cabelos ondulados, grisalhos como a barba, emolduravam seu rosto pálido, de semblante doentio, que no entanto ainda preservava os traços da antiga beleza.

À sua frente, estava sentado um estudante de medicina. De forma displicente, ele folheava um livro que postava-se sobre a mesa, por vezes olhando de soslaio para o ancião, perdido em seus pensamentos.

— O que o senhor está pensando, assim tão profundamente, tio Gricha? — perguntou o jovem.

— Com o coração partido, penso que o tempo demasiadamente frio e a minha doença me impediram de ir hoje à igreja, coisa que eu costumava fazer.

— Sim, eu sei! O senhor nunca perde a missa, e geralmente passa sozinho a noite de Natal. Confesso que sempre estranhei esse fato, porque esta noite deve ser compartilhada com diversão e alegria.

— Você está certo! Esta é uma celebração familiar, uma festa para jovens. Meu pobre Kolia, compreendo perfeitamente que você esteja entediado, sentado ao lado de um velho solteirão, perdido em seus pensamentos, sem ao menos dizer uma só palavra. Além disso, ainda obriga o sobrinho, um livre pensador, a participar das orações e a adorar um santo, em cujo poder não acredita!

O estudante corou.

— Meu tio, o senhor ri de minhas crenças. No entanto, elas têm o mesmo direito que as suas. O que fazer? A ciência que eu estudo é contra todos os preconceitos. Contudo, ela baseia-se apenas em fatos comprovados, e certifica somente o que se pode pesar, apalpar e explorar. Em suas pesquisas, o estudioso explora apenas um assunto, porém diverso em sua natureza. Por isso, antes de acreditar em uma influência desconhecida do "outro lado", eu queria ter provas palpáveis — ele sublinhou esta expressão — de que além do túmulo existe uma alma, viva e individualizada; a mesma alma que a Igreja reconhece como responsável por suas ações. Uma vez que essas evidências não foram apresentadas, eu considero a questão discutível e me reservo o direito de duvidar.

— Meu querido, você foi um pouco precipitado ao dizer que as provas não existem. Na verdade, existem inúmeras provas da imortalidade da alma, mas a ciência oficial não quer reconhecê-las. Uma vez que muitas das posições científicas foram refutadas, eu me reservo, também, o direito de questionar a infalibilidade de sua ciência — respondeu sarcasticamente o doente.

— Mas o senhor nem sempre pensou assim — interrompeu veementemente o estudante. — Meu pai me contou que na juventude o senhor não acreditava em nada. Antes de sua partida para o exterior, era um ateu, aproveitava a vida, era inimigo de todos os preceitos religiosos. Dois anos depois, se converteu e retornou profundamente religioso, místico. Eu até diria: um ascético. Em resumo, começou a renegar tudo o que tinha adorado antes e a louvar o que havia renegado. Ninguém sabe o que houve com o senhor, para ter ocorrido esse milagre.

— Mas os milagres não existem! Eu simplesmente cheguei à conclusão de que as minhas ideias céticas eram uma triste ilusão da qual eu me recusava a aceitar.

— Não, não. Uma mudança de ideias como essa não é tão simples, apesar de todas as suas justificativas. Conhecendo o seu caráter enérgico e obstinado, estou convencido de que o acometimento que mudou radicalmente suas velhas crenças deve ter sido muito forte... Tio Grisha, me conte o segredo da sua conversão, e eu juro que sou capaz de manter esse segredo!... Ou me considera indigno de sua confiança?

O doente olhou para o rosto ansioso e os olhos súplices de seu interlocutor, e, depois de uma breve pausa, disse:

— Que assim seja! Vou lhe contar um caso surpreendente que abalou as mais profundas fibras de minha alma, e que eu não revelei a ninguém até agora. Talvez, o que você vai ouvir, vá curar a sua descrença e ceticismo. Além do mais, você é meu afilhado, meu herdeiro, e provavelmente o executor dos meus últimos desejos.

— Meu tio, tenha confiança de que sua vontade é sagrada para mim.

— Eu sei. Agora escute!...

II

É verdade, eu era um ateu!... Naquela época liberal, o materialismo estava no seu apogeu, e para um homem jovem, saudável e rico como eu era, não havia melhor evangelho senão aquele que propagava o livre uso de todos os prazeres da vida. A riqueza me dava independência; resolvi então não me alistar no Exército porque pensava em me dedicar à ciência. Por isso fui para a Alemanha "completar os meus estudos", como diziam no nosso tempo.

Fiz inúmeros cursos em várias universidades; fui outorgado com um doutorado em História e Arqueologia, e finalmente decidi conhecer as escavações em Roma. Na verdade, eu estava farto da vida na Alemanha; eu queria sol, calor e novas experiências. Apesar de uma vida dissipada e a sede de prazer, predominava e me sensibilizava a avidez pelo conhecimento que eu iria adquirir com as obras de arte e os monumentos históricos que existiam naquela cidade, magnífica e única.

Fiquei fascinado; passava dias inteiros visitando as ruínas e os museus. Em Roma, conheci um jovem arqueólogo que fazia escavações nas catacumbas, sob a direção do famoso conde de Rossi.[1]

Apesar de nossa completa divergência de caráter e de crença, pois Antônio Lamberti era um místico, um idealista, tanto quanto eu era cético e positivista, ficamos amigos. Eu estava muito feliz com a oportunidade de explorar as catacumbas, sob a liderança daquele estudioso e renomado cientista.

Quando descemos às furnas do cemitério de Santa Inês,[2] fiquei muito impressionado com as galerias subterrâneas; o piso e as paredes pareciam pontilhados com inúmeros túmulos. Lamberti me explicava pacientemente as inscrições, os símbolos e as pinturas místicas que estavam nas paredes e nos tetos. Tenho de admitir que meu interesse, na época, era puramente científico, pois aos meus olhos os primeiros cristãos eram apenas uns fanáticos obscuros, e os mártires, uns infelizes e lamentáveis neuróticos.

Por isso, eu escutava as histórias entusiasmadas do meu companheiro, zombando internamente daqueles disparates, criados, como eu dizia, com base em uma superstição ingênua e simplória. Comentei com Lamberti que a destruição e a devastação muito prejudicaram aquele inusitado sítio arqueológico, mas ainda assim as pinturas muito me interessavam; e que, se ele e o conde de Rossi me permitissem, eu ficaria imensamente feliz em copiar algumas daquelas imagens e afrescos. Eu realmente tinha a intenção de reproduzir em aquarela algumas ilustrações daqueles

---

1 Giovanni Battista de Rossi (1822-1894) foi um arqueólogo italiano. Escavou a necrópole de São Calisto, onde descobriu sepulcros de papas do século III e a cripta de Santa Cecília. Contribuiu para a retificação da história cristã de Roma, até a Idade Média.
2 Uma das catacumbas de Roma localizada na segunda milha da Via Nomentana.

antigos monumentos de fé, para presentear minha mãe. Naquela época, ou seja, há quase quarenta anos atrás, era esse o meu interesse.

Lamberti me prometeu falar com o conde, no mesmo dia. Na manhã seguinte, com um olhar satisfeito mas misterioso, ele me informou que o meu trabalho de reprodução estava autorizado; melhor ainda: que ele mesmo iria me conduzir ao interior da cripta de São Calisto.[3] Naquele tempo, ela fazia parte da equipe das escavações, local onde foram encontradas inúmeras galerias completamente intactas e cuja entrada havia sido inundada pelos próprios cristãos, durante as sanguinárias perseguições do imperador Diocleciano.[4]

Na manhã seguinte, em comum acordo, nós nos encontramos num local determinado e Lamberti me levou às galerias recém-inauguradas. Na verdade, elas estavam incólumes, com todas as características originais dos contemporâneos romanos. O frescor das pinturas era de impressionante realismo, e eu logo descobri um afresco, muito ao meu gosto, que decidi copiar.

Então coloquei as tochas nos velhos e enferrujados ganchos na parede, abri uma cadeira e comecei a trabalhar, enquanto Lamberti saíra para supervisionar a atividade dos inúmeros operários, prometendo regressar posteriormente para almoçarmos juntos.

III

Havia se passado mais de uma hora, quando eu deixei o trabalho de lado, para fumar e me exercitar um pouco. No lugar onde eu tinha me sentado, cruzavam-se quatro grandes galerias, e eu decidi explorá-las... Não tinha medo de me perder, porque do cruzamento iluminado eu podia avistar a direção certa; bastava apenas não perdê-la de vista.

Após pegar uma nova tocha que os trabalhadores de Lamberti haviam deixado acesa, comecei minha incursão. Em

---

3 Situada na Via Ápia, as catacumbas de São Calisto foram construídas depois do ano de 150 e abriga alguns hipogeus cristãos e uma área funerária sob os cuidados da Igreja Católica.
4 Caio Aurélio Valério Diocleciano foi imperador romano do ano de 284 a 305 d.C.; foi um dos mais sanguinários na perseguição aos cristãos. Ordenou a execução de muitos mártires e a destruição de várias igrejas e a queima de livros sagrados. O número de cristãos naquele período era quase a metade da população romana.

Numa Noite de Natal

duas galerias adjacentes, fui bastante longe, mas conseguia regressar com facilidade para o meu ponto de partida. Os túmulos ali assentados eram pobres, de escravos com certeza, desprovidos de quaisquer tipos de adornos ou ornamentos, o que não me causou interesse.

A terceira galeria que adentrei provavelmente era um local de sepultamento dos cristãos mais ricos: seus nomes e títulos estavam gravados no mármore, e as pedras sobre as lápides indicavam que repousava ali, entre escravos e plebeus, o último sono de pessoas da mais alta estirpe romana.

Eu estava tão absorto nos meus estudos que não prestei atenção à distância percorrida, quando, de repente, me lembrei que era imprudente de minha parte me afastar para tão longe da saída. Então agilizei o passo, retornando. Meu coração começou a bater acelerado no peito, ao perceber que não avistava mais o cruzamento iluminado. Eu achei que não mais enxergava as tochas, em razão da distância que havia, displicentemente, percorrido. Ao regressar, estava quase correndo; tudo ao redor era escuridão. Só então observei que a galeria era transversada por muitos cruzamentos, dos quais partiam outras ramificações em várias direções...

Ofegante e aturdido, finalmente parei e me encostei na parede; um suor frio gotejava do meu rosto e eu tremia como se estivesse com febre, aterrorizado com a possibilidade de estar perdido naquele labirinto subterrâneo. Mas eu era jovem, cheio de energia, e considerei que perder a cabeça naquele momento seria me condenar à morte.

Com um esforço sobrenatural de auto-controle, eu tentava manter a calma e elaborava um plano, mentalmente, de como localizar a encruzilhada onde eu estava trabalhando. Ela não podia estar longe do local onde me encontrava, mesmo que eu me desviasse em qualquer direção. Antes de tudo, eu devia recompor a distância percorrida, seguindo as inscrições nas paredes que eu tinha lido e memorizado. Desse modo, esperava reencontrar o caminho. Ocorria-me, no entanto, a aflita expectativa de que quando Lamberti retornasse de sua inspeção externa, e sentisse minha falta, iria começar a me procurar e não me deixaria morrer de forma tão aterradora.

IV

Eu caminhava devagar e com cautela, observando detalhadamente as lápides. Após algum tempo, que me pareceu uma eternidade, encontrei-me num salão arredondado, que me parecia conhecido. Em um dos lados, havia um altar de pedra; do outro lado, acima de minha cabeça, estava uma laje de mármore branca inserida na pedra. "Se não perdi o caminho", pensei, "nesta placa deve estar gravado o nome de Fabius Lentulus, o tribuno das cortes pretorianas". Eu me encostei na parede mais próxima e me senti incapaz de refrear o terror que tomou conta de mim. Havia me enganado com a direção: *Deposita in pace Terentilla,*[5] estava escrito. Isso significava que eu estava novamente no mesmo lugar, perto do túmulo de Terentilla, e a minha cansativa incursão havia sido em vão. Estava andando em círculos...

Localizando um gancho para colocar minha tocha, após fixá-la, me sentei alquebrado em um banco de pedra. Sentia-me mal, com a cabeça aparvalhada e uma inquietude desesperada que me pressionava o peito; eu não podia mais me enganar... estava perdido, único ser vivo naquele reino dos mortos. Imaginei com pânico a minha morte, cruel e horripilante: a morte por fome, ainda mais na terrível e absoluta escuridão. Minha tocha já estava se apagando...

V

Nesse ponto, o ancião se calou e enxugou, com um lenço alvo de linho, o abundante suor que vertia de sua testa. Kolia, que acompanhava atônito o misterioso relato, percebendo sua excitação, correu em busca de água e, entregando-lhe um copo, disse:

— Perdoe-me, tio Gricha, por ter despertado no senhor tão dolorosas memórias!

O doente bebeu um gole d'água e tentou sorrir.

— Sim, depois dos meus cinquenta anos, não posso me lembrar, sem um estremecimento, daquela agonia física e moral que senti... Não sou capaz de descrever o terror que vivenciei.

5 Descanse em paz Terentilla.

Qualquer lembrança, por menor que seja, daquela sensação de sofrimento e pânico que eu experimentei ficou gravada, indelevelmente, na minha memória. Mas eu ainda vou tentar lhe contar o restante da história. Tudo o que pensei e senti naqueles momentos serviram como alicerce para minha renovação moral, responsável pela mudança extraordinária que se operaria em mim, no futuro.

Quando minha consciência presentiu a chegada da morte, enlouqueci: bati a cabeça contra a parede, rolei no chão, elevando a voz em urros estridentes e gritos selvagens... Porém, esse desespero passou rapidamente e foi substituído por uma sombria apatia. A crepitação da minha tocha, que estava prestes a apagar, logo me fez voltar à realidade. Senti-me tomado por um terror mortal, ao me imaginar na mais completa escuridão. Contudo, naquele momento, lembrei-me de que tinha no bolso uma vela sobressalente de cera que eu usava quando queria ver os detalhes das pinturas que reproduzia. Por encontrar-se no meu bolso, a vela estava meio esmagada, mas ainda utilizável. Peguei uma caixa de fósforos e os coloquei ao meu lado.

Eu pensava em acender aquela vela somente quando minha tocha se extinguisse. Os minutos pareciam uma eternidade; a tocha ardente, ora brilhava intensamente, ora oscilava bruxuleante, iluminando um túmulo, do qual eu não conseguia desprender o olhar.

A falecida Terentilla devia ter sido uma mulher rica... Ao redor da placa, com sua identificação, fora esculpida uma grinalda de folhas de videira em mármore, e acima da inscrição estava a palma, símbolo cristão dos mártires. No gesso em relevo, fora inserido um frasco de cristal; no seu interior, ainda havia pequenos refugos de coloração escura e ressequida, provavelmente o sangue daquela nobre romana cristã.

Então, à minha frente estava uma mártir!

De repente, senti uma inveja brutal daquela mulher que fora para a morte como para um passeio, fortalecida somente pela sua fé, no momento de sua mais extrema agonia, com a mesma fé que eu julgava ser uma superstição, negando-a em nome da ciência, bem como negava a Deus e à imortalidade da alma.

Naquela hora terrível, a ciência não me apoiou; tinha medo da morte, do abismo desconhecido que estava pronto para me devorar. Eu estava com medo até de ficar naquele escuro tenebroso, entre todos aqueles mortos desconhecidos. Toda minha vida passada, excepcionalmente brilhante, ressurgiu na minha memória e se movia como um filme, diante dos meus aturdidos olhos. Naquele momento, lembrei-me de que celebrava-se a véspera de Natal, na minha pátria distante.

Eu me via na nossa arborizada casa, perto de Moscou, onde morava com minha família, e onde nos reuníamos na grande sala de jantar, com meu irmão mais velho, minha irmã com os filhos pequenos e minha mãe, já idosa. Que alegria, que felicidade estar em torno da nossa árvore de Natal, toda enfeitada com luzinhas e caixas de presente coloridas!

"Hoje, com certeza, haverão de se lembrar e de falar de mim... ausente nesta data tão festiva. Ninguém é capaz de imaginar que, neste exato momento, eu esteja prestes a morrer de uma morte tão aterradora", eu pensava.

Um terror desesperado tomou conta de mim, e as lágrimas começaram a rolar dos meus olhos. Junto com a imagem de minha mãe, reapareceram as lembranças da minha infância: as longas noites de inverno na aldeia, seus ensinamentos e as orações antes de dormir, que repetíamos com meu irmão e minha irmã, bem como as lições do velho padre da vila e as celebrações de nossa igreja. Toda essa imagem suave e tocante, de uma fé simples e profunda, que naquele tempo inspirava a mim e a todos os outros, passou rapidamente diante de mim.

Junto com as minhas lágrimas, dissolviam-se o meu orgulho e a minha incredulidade. Da minha alma ferida, renasceu então o desejo de orar.

Afastado do mundo e das pessoas, eu me voltei ao Criador, o Invisível, o Incompreensível, mas cuja presença eu parecia sentir naquele momento terrível. Eu tentava orar e não conseguia; um sentimento insuportável me abateu; minha cabeça estava girando, meus ouvidos zumbindo, o peito apertado... então perdi a consciência.

VI

Quando recuperei a lucidez, uma profunda escuridão me

envolvia. No início, não percebi onde me encontrava e o que havia acontecido comigo, mas senti que todos os cabelos de minha cabeça estavam eriçados. Não sei como não enlouqueci... O que eu sofri, moral e fisicamente, atormentado pela fome e pela sede, é indescritível! Para acabar com aquele sofrimento insuportável, eu já pensava em me suicidar. Lembrei-me de que carregava um canivete comigo... eu poderia cortar as minhas veias, porém não consegui encontrá-lo.

Exausto, ouvi algumas palavras, como um sussurro:

— Ore! Só Deus pode ajudá-lo!

Eu queria rezar e evocar, das profundezas da minha alma, um impulso nobre e verdadeiro. Olhando ao meu redor, percebi que todos aqueles que ali repousavam haviam sido heróis anônimos daquela fé renovadora. "Se as almas continuam a viver no Além-túmulo", pensei, "alguma delas poderá ouvir as minhas súplicas e vir me socorrer".

— Terentilla, virgem, mártir! — sussurrei desesperadamente. — Se você realmente sobrevive, inspira-me, ensina-me a morrer como você mesma morreu, com fé e pela sua fé.

Tudo estava escuro.

Mas... de repente, a lápide com o nome da mártir iluminou-se com uma luz fosforescente e tornou-se transparente. Através dela, pude ver um corpo inerte de mulher, envolto em um manto púrpura, bordado a ouro. Dois ramos de palmeira adornavam o seu peito. Em seguida, reinou a escuridão absoluta e eu não me lembro de mais nada...

Um toque da mão de alguém me trouxe de volta à consciência. Abri os olhos e fiquei surpreso ao ver uma mulher à minha frente, mal iluminada pela tênue luz de uma lâmpada antiga, que ela segurava na mão. No entanto, eu pude contemplar nitidamente sua figura esguia e graciosa, com um manto branco, simples e longo.

— Levanta-te e segue-me! — ela falou suavemente com voz rouca.

Apesar do susto, me exaltei e dei um pulo de tanta alegria. Mas eu estava me sentindo como um bêbado; minha cabeça estava pesada e eu me sentia aturdido. No primeiro instante, não fiquei impressionado com as palavras que ela me dirigia, em latim; só fui me lembrar desse fato depois.

Acompanhando aquela desconhecida, passei por um labirinto de galerias e passagens, e somente depois de algum tempo, que não posso precisar, me encontrei ao pé da escada.

Minha guia começou a subir, e, quando chegou perto de uma curva, ela parou e se virou na minha direção. Naquele instante, a luz da lâmpada iluminou o seu rosto e eu vi à minha frente uma jovem mulher de cândida beleza, com delicados traços clássicos. Sob as pregas de seu véu, podiam ser vistos os longos cabelos dourados; seus olhos escuros e luminosos olhavam pensativos para mim.

— Vai! Segue adiante, já não estás mais perdido! No topo da escada está a saída.

— Como eu posso lhe agradecer? Quem é você, minha salvadora? — eu mal sussurrei.

— Deus me enviou. Que a minha vinda seja uma prova de que cada impulso sincero, em forma de oração, chega ao trono da Misericórdia Celestial. Tu, que vives no meio da agitação da vida, não te esqueças de que foi a mão de Deus que te tirou do abismo. Adeus! E isto é para que te lembres de mim — ela encostou na minha mão algo frio e arredondado. — Leva a minha lâmpada para chegar à saída!

— E você? — perguntei confuso...

— Oh! Aqui, eu conheço todas as saídas e entradas — ela respondeu com um sorriso enigmático; e após um gesto de despedida, começou a regressar para as galerias subterrâneas, esvanecendo-se na escuridão.

Fiquei perplexo com tudo o que havia me acontecido, mas cheio de vitalidade, ansiando por uma nova vida. Com alegria, eu peguei a lâmpada e subi apressado os últimos degraus. Uma lufada de ar fresco bateu no meu rosto e me revigorou. Ao olhar para cima, contemplei o céu estrelado... Numa explosão de gratidão, ajoelhei-me e comecei a rezar, agradecendo a Deus e implorando perdão. Naquele momento, eu orava com uma fé que até então desconhecia.

VII

Quando o Sol apontou no horizonte, clareando o dia, eu enxerguei aquela lâmpada antiga na minha mão e uma caixa de marfim pendurada numa corrente de prata. Escondendo aquele tesouro junto ao peito, dentro do casaco, iniciei a minha viagem; foi quando avistei um vendedor de legumes à caminho do mercado, que me levou para a cidade no seu carro.

A consequência daquelas fortes emoções vividas me fez adoecer. Eu fiquei debilitado e passei três semanas de cama. Lamberti me visitava constantemente durante o meu forçado repouso. Quando lhe contei como havia escapado milagrosamente da morte, ele ficou abalado; e após examinar a caixa de marfim, que continha um pedaço de esponja, provavelmente embebido em sangue, disse:

— Terentilla o salvou!

Vendo a minha surpresa e desconfiança, ele acrescentou:

— Eu tenho certeza de que isso era da santa mártir. Ela estava usando as roupas de Vesta[6]... e falava em latim.

Eu não consegui dizer nada; não me sentia no direito de questionar absolutamente mais nada...

Seis semanas após esses acontecimentos, Lamberti me visitou uma noite para me comunicar com entusiasmo que haviam encontrado o túmulo de Terentilla.

— Nós o localizamos perto do lugar onde você trabalhava copiando as pinturas. Estávamos procurando desesperadamente por você. Eu não entendo como não ouvia os meus gritos, nem eu os seus... Essa deve ter sido a vontade de Deus. Amanhã o túmulo será aberto; vamos juntos, se você quiser.

Imagine a emoção que eu senti, no dia seguinte, quando desci com ele às catacumbas. Lamberti não estava enganado, aquele local era exatamente o mesmo lugar do meu quase matírio.

Quando começaram a revolver a estrutura, Lamberti me entregou um frasco tirado do gesso. Dentro do túmulo, sob uma laje de mármore, estava o corpo de uma jovem mulher, envolto em um tecido púrpura, bordado a ouro. Dois ramos de palmeira estavam cruzados sobre o seu peito, que ao contato com o ar, tornaram-se pó.

A cabeça e os braços estavam maravilhosamente preservados, e eu, com verdadeiro horror, reconheci naquela mulher o meu anjo salvador... Com o ar, o corpo enegreceu e também se desfez; ficando somente um esqueleto e alguns longos fios de cabelos dourados.

— Enfim, meu sobrinho, o que eu vi foi mais do que o suficiente para crer piamente na fé em Deus e na existência da alma após à morte. É por isso que nunca perco o culto da noite

---

6 Vesta ou Vestal (em latim *virgo vestalis*), na Roma Antiga, eram sacerdotisas que cultuavam a deusa romana Vesta. Eram virgens de dez a doze anos que serviam no templo por trinta anos. Vesta era uma deusa romana que personificava o fogo sagrado, a pira doméstica e a cidade.

de Natal, em memória àqueles momentos inimagináveis e mais tenebrosos da minha vida.

O estudante ficou constrangido com o relato, e manteve-se em resignado silêncio durante muito tempo, quando finalmente perguntou hesitante:

— Tio, o senhor ainda tem esses objetos?

— Claro que sim! Eu vou lhe mostrar agora e aproveitar a oportunidade para passar-lhe algumas instruções.

Apoiando-se no braço do sobrinho, o ancião entrou no dormitório e abriu um gabinete esculpido à beira do leito, acendendo um lâmpada elétrica, cuja luz brilhante iluminou todo o quarto. Na parede interna do gabinete, havia o retrato de uma bela mulher em antigos trajes romanos, com uma lâmpada na mão. O realismo da imagem era surpreendente: sua cabeça dourada destacava-se no fundo escuro, como se fosse viva, e seus olhos grandes e luminosos olhavam de forma misteriosa os espectadores. Ao pé do retrato, sobre uma almofada de veludo vermelho, estava um frasco de vidro e uma lâmpada antiga de barro; também ali estava pendurada uma corrente à caixa de marfim. Ao lado do travesseiro, num pedaço de tecido bordado com fios de ouro, fora colocada uma mecha de cabelo dourado.

Depois que o sobrinho viu todas aquelas preciosas lembranças, o tio fechou o armário, sentou-se numa cadeira e disse:

— Agora, eis o meu pedido sobre tudo o que acabou de ver: você deve colocar a caixa de marfim e uma mecha de cabelo junto a mim, no caixão, quando chegar a minha hora. O retrato, e todo o resto, eu deixo para você como o melhor tesouro de minha herança, que lhe servirá como um antídoto contra a sua incredulidade e as falsas conclusões.

— Obrigado, tio! Nunca mais esquecerei dessa sua experiência. E quando a descrença me visitar, vou olhar nos olhos da Terentilla, aos quais você conseguiu dar impressionante vitalidade, para admitir a existência de um mundo desconhecido para nós, povoado por seres que nos ouvem e veem.

Numa Noite de Natal

3

Os vizinhos

O Céu expulsou-os por não serem justos.
Nem o profundo Inferno quis recebê-los,
por medo dos ímpios terem glória sobre eles.
DANTE. *Inferno*. Canto III, v. 40-42

Os enormes portões dourados do Paraíso eram quase inexpugnáveis, de tão bem fechados, e possuíam uma preciosidade ímpar. Artisticamente talhados em inúmeras imagens adornadas com pomposos detalhes em alto relevo, lembravam as esculturas clássicas de Fídias.[1] Gigantes e luxuosas palmeiras, em nuances de verde esmeralda, ladeavam-lhe a entrada, à semelhança de estáticas sentinelas. Acima deles, pairava incólume, no negrume da noite, uma estrela fulgurante que derramava fluxos de luz resplandecentes.

Em um banco de mármore níveo, dormitava um venerável ancião à sombra de uma das palmeiras, trajando um quíton alvo como a neve, de onde reluzia uma grande chave de ouro, por vezes balançante, pendurada no cinto de couro. O porteiro do Céu estava ocioso. A cada dia que passava, havia menos almas com as quais ele se ocupava em consentir que uma delas, escolhida, transpusesse a morada da bem-aventurança. Sem outra alternativa, passava infindas horas placidamente adormecido, sem nada para fazer; improdutividade à qual ele fora condenado, dada a quase aniquilação das virtudes dos mortais.

À margem de um prado verdejante, diante dos portões do Paraíso, no ponto exato em que terminava o caminho que, das

---

1 Fídias (490- 430 a.C.) é considerado o maior escultor grego do período clássico, criador do Parthenon e das estátuas dos deuses gregos. Em 438 a.C., executou a estátua de Atena, feita de ouro e marfim, e 92 esculturas em relevo usadas como friso ao longo dos muros da Acrópole.

profundezas dos mundos, conduzia ao Céu, estava um anjo condutor. Ele se inclinava, perscrutando à distância, e observavaEl considersva através de uma luneta uma estrada íngreme e estreita que serpenteava um profundo abismo pedregoso, pelo qual já haviam transitado inúmeros e verdadeiros justos e mártires. Mas, em vão, constatava que todo o percurso estava ermo e não havia uma só alma.

A tristeza apertava como um torniquete o impoluto coração do anjo celestial, quando ele, ocasionalmente, observava por cima de um abismo próximo e intransponível, situado do lado oposto onde se encontrava, e avistava uma multidão que se arrastava por uma larga e pedrenta estrada inundada de luz escarlate, com um brilho incandecente.

Hordas de diabinhos recebiam animadamente os recém-chegados e os encaminhavam, com gestos solenes e enfatuados, às altas portas em formato de largos arcos, atrás das quais se escancaravam um abismo de trevas ameaçador, parcamente iluminado de tempos em tempos por um fugaz relâmpago de luzes avermelhadas bruxuleantes e imensos lumes de fogo. E, nessa névoa sangrenta, qual pesadelo, desenhava-se indistintamente nas profundezas do Espaço uma enorme cidade que parecia construída de metal abrasado.

Aterrorizadas de medo, as almas pecadoras se aproximavam do Inferno... Segundo a lenda, elas seriam presas em cordas ou algemas incandecentes, e depois mergulhadas em resina fervente; ou então, atiradas impiedosamente num caldeirão borbulhante. Um dragão gigantesco com olhar ameaçador e asas dentadas e estendidas, que as aguardavam na entrada, intensificavam o atroz padecimento...

Contudo, a servilidade dos diabinhos e a recepção calorosa e amigável de um grande demônio, com grandes chifres, gordo e bondoso, que estava sentado do outro lado dos portões, em frente ao dragão, asserenou seus corações aflitos.

— Entrem, entrem, amigos! Sejam bem-vindos! — gritava com exacerbada alegria, enviando beijos e abanando o tufo da cauda.

Numa Noite de Natal

A exasperação dos pecadores diminuiu pouco a pouco, e a procissão que entrou no Inferno foi encoberta pela escuridão...

Para evitar a tristeza e a melancolia em ver tantas almas extraviadas do verdadeiro caminho do bem, o anjo condutor sentou-se na pradaria, à beira da estrada, atrás de um arbusto florido, e quedou pensativo. Nesse mesmo instante, Lúcifer e o seu secretário particular, o Cauda Maravilhosa, saíram da cidade satânica para respirar ar fresco e passear pela praça, em frente aos portões do Inferno.

O Príncipe das Trevas, que ainda mantinha os formosos traços da sua anterior beleza de arcanjo, parecia estar de bom humor naquele momento. Ao olhar para o lado oposto, começou a rir.

— Olha só! Ele está roncando tão alto, que todo o Universo consegue ouvir! ha, ha, ha! Que destino invejável! Esse simpático porteiro do Céu descansa sobre os louros e ninguém o incomoda, e eu não tenho tempo nem para pregar os olhos. Não faço a mínima ideia do que fazer com tantos recém-chegados! O Inferno realmente ficou pequeno desde que esta guerra[2] começou — disse Lúcifer.

— Concordo plenamente! Eu também às vezes me pergunto, mestre, onde vamos acomodar tantas almas que aqui aportam, todos os dias. Para nosso azar, elas chegam cada vez mais e mais, de forma quase ininterrupta — e, após um longo suspiro, concluiu pensativamente o secretário: — Confesso que estou temeroso, mestre, de que esta guerra possa nos prejudicar. Ela desperta e aflora aqueles sentimentos quase extintos nas almas, que poderão nos causar uma abrupta desocupação e grande debandada no nosso reino.

— Não se entregue a pensamentos sombrios, querido amigo! Não há espaço suficiente para alojarmos todos, mas

---

2 A Primeira Guerra Mundial teve início em junho de 1914 e terminou em novembro de 1918. Ocorreu principalmente na Europa, Rússia e Ásia, tendo envolvido todo o mundo em infindáveis discussões e conflitos político-militares. O combate foi travado entre dois grandes lados: a Tríplice Entente (Reino Unido, França e Império Russo) e a Tríplice Aliança, composta pelo Império Alemão, Áustria-Hungria e Itália.

não se esqueça de que nós ainda temos muitos adeptos e partidários. Ouça a ideia que eu tive: vou sondar com o meu vizinho a possibilidade de ele aceitar receber por lá determinadas civilizações do mundo, para conseguirmos dispor de um pouco mais de espaço. Enquanto isso, você vai supervisionar pessoalmente a chegada e a acomodação das hordas teutônicas; e se chegarem mais, não vou aceitá-los! São uma raça intrigante e abusada. Acredito também que pretendem dominar, de forma despódica e tirânica, até o Inferno e, quem sabe, insurgir nossos pecadores e demônios contra nós.

Enquanto o secretário de Lúcifer, o Cauda Maravilhosa, preocupado, retornava à cidade satânica, ele, Lúcifer, elevou-se no ar e alçou voo com segurança e destreza sobre o abismo entre o Paraíso e o Inferno. Com passo firme e um desdenhoso sorriso no rosto, seguiu resoluto em direção às portas do Céu. Nem um pouco constrangido, assenhorou-se de forma presunçosa do "caminho da virtude", cujo trilhar só era permitido aos pés dos eleitos e seguidores dos santos.

Tomado de um susto inesperado, o Guardião Celestial se desequilibrou, ao sentir um tapinha amigável no ombro.

— Você aqui, Satanás! O que deseja? — perguntou com uma entonação levemente assustada e ofendida.

— Quero falar com você, querido vizinho, sobre um assunto que interessa a nós dois.

O venerável ancião, incrédulo, olhou de esguelha para a visita inesperada, mas não disse nada, nem mesmo quando ele se sentou atrevido ao seu lado no banco, e até se afastou para dar lugar a ele.

— Então — disse Lúcifer, acariciando a barba preta, ao sentar-se —, apesar da diferença entre nossas crenças e atitudes, vamos conversar francamente, como bons vizinhos. Quem sabe, até possamos chegar a um bom acordo!!

— Nem imagino o que você possa querer comigo!

— Calma, você logo vai saber!... Primeiramente, me diga: há muito espaço no seu Paraíso? Acho que ele está bastante

Numa Noite de Natal

39

vazio, porque há tempos não vejo mais ninguém adentrando as portas do Céu — interrogou Lúcifer, curioso.

Abaixando levemente a cabeça, seu interlocutor nada respondeu.

— Eu adoraria rever o seu Paraíso! — insistiu Lúcifer. — Há muitos milênios atrás, eu transitava por estas paragens, e isso faz tanto, mas tanto tempo, que já nem me recordo mais. E apesar de ter sido expulso por causa das minhas ideias "liberais e progressistas", acredite, eu guardei boas recordações de minha estada aí. Isso sem comentar, é claro, que todos os seus adeptos, até os dias de hoje, engendram permanentemente uma acirrada guerra contra mim.

— Hum! Mas olha só que ideia mais estapafúrdia! Não consigo me imaginar o anfitrião de Lúcifer, e ainda passeando com ele pelo Paraíso! Será que Miguel vai querer ver você? Se ele o vir, vai fazer muito tumulto — respondeu o porteiro do Céu, encolhendo os ombros em um tom descontente. — Não, não, isso é ridículo! Até os anjos vão rir de mim, pensando que eu enloqueci na minha velhice.

— Calma, meu vizinho! Os anjos ficarão contentes em ver algo novo e inusitado. Também não tenho a pretensão de brigar com Miguel, porque eu absolutamente não tenho nenhuma intenção de me instalar no Paraíso novamente. Este lugar me aborrece até a morte, e eu amo a atividade animada e divertida. Por outro lado, se a minha visita parecer estranha a alguns, é até melhor. Os absurdos de todos os tipos estão na moda, e eu acho que você não arriscaria nada aceitando o meu pedido.

— Está bem! Eu concordo em permitir sua entrada no Paraíso. Vamos lá! — retorquiu o guardião, franzindo o cenho.

Com o coração alquebrado, o ancião apanhou a chave do cinto e dirigiu-se à entrada.[3] A fechadura estava enferrujada, e os portões do Paraíso se abriram com um rangido estridente.

---

3 As *Chaves do Reino dos Céus*, também conhecida por *Chaves de São Pedro*, é um termo utilizado na Bíblia, em uma afirmação de Jesus ao apóstolo Pedro, quando diz, no Evangelho de Mateus, 16:19: "Eu te darei as chaves do Reino dos Céus". Assim, na cultura popular, São Pedro é retratado como o guardião do Céu, controlando as suas portas com as referidas chaves.

Diante deles, surgiu uma paisagem estonteante e onírica, banhada por uma luz diáfana e suave. O céu reverberava em diferentes matizes de azul, e em todos os lugares crescia uma vegetação exuberante. Em inúmeras tonalidades de cores, desabrochavam flores das mais variadas formas e tamanhos, enchendo o ar vivificante com fragrâncias aromáticas.

Em alguns lugares, sussurravam riachos e fontes e, ao longe, a perder de vista, numa visão enevoada, desenhavam-se colinas pitorescas recobertas de verdejantes florestas. No imenso e cristalino lago, nadavam alegremente alguns peixinhos cor-de-rosa, fazendo espirrar água.

No meio do céu estrelado, como um sol radiante, planava um gigantesco disco que encobria o *Sanctum Sanctorum*[4] e, sob as densas nuvens prateadas abaixo dele, postavam-se graciosos anjos com harpas douradas nas mãos, que entoavam com vozes melodiosas incessantes hinos de glorificação.

A morada abençoada parecia infinita, mas... tudo ao redor estava vazio. Apenas alguns idosos, almas iluminadas com translúcidas auréolas nas cabeças prateadas, passeavam absortos pelo prado. Nas alamedas, polvilhadas com areia dourada como raios de sol, também caminhavam respeitáveis patriarcas, sustentados pelos braços dos gênios.

— Tudo isso aqui é magnífico, você não acha? — perguntou, orgulhoso, o porteiro do Céu. — Só não consigo entender a razão pela qual as pessoas não se sentem mais atraídas por este lugar aprazível.

— Puxa! Quanto espaço livre você tem aqui! — comentou Lúcifer, nem um pouco interessado em opinar sobre o questionamento do ancião.

Encantado com o que via, inquiriu curioso:

— Espere!... Mas onde estão os seus santos mártires, os profetas, os apóstolos, e tantos outros escolhidos que viviam aqui? Eu me lembro bem... multidões de justos se reuniam neste lugar.

---

4 *Sanctum Sanctorum:* O Santo dos Santos, uma referência à morada de Deus.

— Infelizmente, muitos, em cumprimento à evolução espiritual a que fizeram juz, e sob a égide da Luz perfeita que emana do trono do Eterno, foram habitar outras dimensões mais evoluídas — ele apontou para o disco. — E os santos, em sua maioria, optaram por retornar à Terra para amparar e proteger os irmãos encarnados. Mas quem deverá substituí-los agora, quando ninguém mais vier para cá?

— Não fique triste, querido vizinho! — consolou Lúcifer.

— Eu posso lhe dar de presente um verdadeiro "buquê de mártires" para povoar este Paraíso novamente.

— Você?...

— Isso, eu mesmo! Porém, é melhor sairmos daqui. Vamos para fora do portão, porque estas fragrâncias me fazem mal e são sufocantes demais para mim.

Ao sair, eles se sentaram novamente no banco de mármore sob as palmeiras.

— Já mencionei que eu vim conversar com você, como um bom vizinho, e que, se for possível, chegaremos a um acordo sobre uma questão que muito nos interessa. A guerra, como você pode ver, me envia tantos hóspedes, que até o Inferno fica pequeno.

— Mas a Terra está em guerra? — interrompeu o interlocutor, alarmado e preocupado.

— E "que" guerra!!! Oito povos se matam ferozmente uns aos outros, e três ou quatro aguardam a melhor oportunidade para também se envolverem nesta guerra e, assim, ganhar uma parte da presa na partilha futura. O massacre é maravilhoso, e esta luta gigantesca estremece a Terra inteira. E você... não sabia de nada? Mas sinta-se feliz... Se eu lhe mostrasse o que acontece por lá agora, você não acreditaria no que os seus olhos veriam e seus ouvidos escutariam. Esta guerra é uma verdadeira barbárie!

— É verdade, eu não sei quase nada sobre o que acontece por lá. Tão poucas almas vêm desse lugar desprezível, que talvez até tenham se esquecido de que o Céu existe — respondeu com pesar, o venerável ancião. — Mas eu confesso que também não estou nada satisfeito com essa falta de informações, e com a maneira como você está aqui e a par dos acontecimentos. Então me diga pelo menos o que ocorre por lá, estando você, é claro, ciente de todos os acontecimentos.

— Pode apostar! Eu desço frequentemente à Terra, que está sob o meu domínio em quase toda a sua totalidade, e aquilo que presencio todos os dias me felicita por demais. Mas, em relação a você, acredito que vai desmaiar, aterrorizado.

— Então me conte, quem começou esta guerra devastadora?

— Ah! Foi o meu camarada, o líder dos teutões.[5] Mas para você conseguir entender melhor a situação atual, estou disposto a narrar alguns importantes episódios da História: os teutões eram um povo que já existia na época dos romanos, seus contemporâneos, os quais os derrotaram inúmeras vezes. Mas, desde então, eles se reestruturaram, tornando-se fortes, ricos, desenvolvidos e industrializados; atualmente se denominam alemães. E acredite, já declaram suas arrojadas pretensões de dominar o mundo.

Uma revolução religiosa[6] ocorrida por lá, há algum tempo atrás, envolvendo vários países, direcionou de forma muito especial a vida intelectual do meu camarada teutão. Um monge-caipira corajoso, chamado Lutero,[7] descontente e irritado com o jugo do Papa, tentou derrubá-lo "simbolicamente" do trono de Pedro, e simplificou, a seu modo, a comunicação com *Alguém*...

Esse monge-caipira resolveu instituir novos dogmas, excomungou todos os santos e aboliu o culto religioso tradiciona-

---

5 Friedrich Wilhelm Viktor Albrecht (1859-1941), conhecido como Guilherme II, foi o último imperador alemão e Rei da Prússia, tendo governado o Império da Alemanha e o Reino da Prússia entre 1888 e 1918.
6 A Reforma Protestante foi um movimento reformista cristão culminado no início do século XVI por Lutero, que resultou na divisão da Igreja do Ocidente entre os católicos romanos e os reformados ou protestantes, dando origem ao protestantismo.
7 Martinho Lutero (1483-1546) foi um monge agostiniano, germânico, professor de Teologia, que se tornou uma das figuras centrais da Reforma Protestante. Levantou-se veementemente contra diversos dogmas do catolicismo romano, contestando sobretudo a doutrina de que o perdão de Deus poderia ser adquirido pelo comércio das indulgências. Essa discordância inicial resultou na publicação de suas famosas 95 Teses, em 1517.

lista. Começou a pregar rigorosamente, alicerçado conforme a prescrição de Môisés "Olho por olho, dente por dente", que parecia mais adequada ao estilo teutônico do que o mandamento de mau gosto "Ame o teu próximo como a ti mesmo", professado por outros povos. Em suma, ele criou o seu deus especial alemão: *der deutsche Gott*,[8] que não tinha nada em comum com as leis do Criador do Universo e era um deus tão sanguinário, arrogante e astuto, como o povo amado por ele.

— Tudo isso é muito triste. Agora eu posso compreender porque as pessoas se tornaram assim, tão violentas e imorais com relação aos códigos de conduta. E já começo a assimilar os reais motivos pelos quais tão poucos escolhidos vêm para cá — suspirou tristemente o ancião.

— Nada pode ser feito nesse caso, meu vizinho. Esta é a ordem das coisas: o que agrada a um, não agrada a outro. Eu só posso exaltar os alemães. Eles são os meus melhores alunos, com as suas atrocidades e almas sanguinárias e impiedosas; fazem corar até os meus demônios mais experientes, que se sentem ínfimos miseráveis diante deles.

Mas, vamos retornar ao assunto da guerra: há tempos que o líder dos alemães havia premeditado iniciar esta guerra. Organizou-se de forma minuciosa, fortalecendo-se militarmente, e somente quando se sentiu confiante da vitória e da conquista do mundo ele a declarou. Como uma aranha, ele já havia estendido a muitos os países, de forma ardilosa, a sua teia de intrigas, suborno e espionagem.

Inflado pela vaidade, esse meu caro camarada já se considerava o senhor do mundo, e eu o encorajava, é claro, com todo o meu poder e aparato, porque ele, acho que posso dizer, se satanizou. Mas, neste caso, não creio ser esta a palavra correta. Enfim...

Não basta ser diabolicamente desumano e cruel; é preciso também ter uma mente diabólica; sinto falta dessa qualidade em Guilherme.[9] A propósito, devo lhe contar um detalhe bas-

---

8 Do alemão, significa "o deus alemão".
9 Bombástico e impetuoso, por vezes Guilherme pronunciava-se de forma pouco

J. W. Rochester

tante interessante que tem um papel invisível e desconhecido para os vivos, mas bastante significante no drama sangrento que está se desenrolando agora: foi a alma de Nero,[10] aquele imperador sanguinário, que reencarnou no meu augustíssimo camarada. Como um césar romano, ele se deleitava com a própria grandeza, e se considerava dotado de todas as qualidades, até das divinas, mas não tolerava a concorrência.

Ele considerava Bismarck[11], o verdadeiro criador do Império Alemão, um concorrente astuto e sagaz, de personalidade tão cruel e infame quanto ele próprio; isto, é claro, sob o seu ponto de vista. Como uma pessoa de caráter medíocre, o *kaiser* sentia profunda inveja da aura de glória que cercava Bismarck, dotado de uma mente extraordinariamente estrategista e uma vontade de aço. Contudo, ao invés de se abrigar sob a sombra daquela força poderosa, ou compartilhar o poder com ele, o *kaiser* ambicionava o seu prestígio, notoriedade e fama, e por isso eliminou o seu "chanceler de ferro".

O colosso derrubado foi exilado, remoendo permanentemente um ódio inflamado em invencível desejo de vingança contra aquele ingrato. Eu estava ao seu lado, compartilhando da sua agonia... Não consigo me recordar, sem me sentir acometido de uma profunda admiração, a coragem daquele altivo agonizante, cujo pensamento, qual relâmpago, apenas focava a

---

cuidadosa sobre assuntos de grande sensibilidade, sem consultar os seus ministros, uma atitude que acabaria por culminar numa entrevista desastrosa ao *Daily Telegraph* que lhe custou grande parte do seu poder, em 1908. (...) Sendo um líder muito pouco eficiente, acabou perdendo o apoio do exército, tendo abdicado em novembro de 1918. Passou os seus restantes anos de vida no exílio, nos Países Baixos.

10 Nero Cláudio César Augusto Germânico (37-68 d.C.) foi um imperador romano que governou do ano de 54 até a sua morte, em 68, e cujo reinado é associado habitualmente à tirania e à extravagância, sendo recordado por uma série de execuções sistemáticas, incluindo a de sua própria mãe, e sobretudo pela crença generalizada de que, enquanto Roma ardia em chamas — num incêndio supostamente provocado por ele mesmo —, estaria compondo com a sua lira.

11 Otto Eduard Leopold von Bismarck-Schönhausen (1815-1898) foi um nobre, diplomata e político prussiano, personalidade internacional de destaque do século XIX. Conhecido como "o chanceler de ferro", foi o estadista mais importante da Alemanha do século XIX. Coube a ele lançar as bases do Segundo Império, ou 2° Reich (1871-1918), que levou os países germânicos a conhecer pela primeira vez na sua história a existência de um Estado nacional único.

intenção de destruir e exterminar aquele odioso *Hohenzollern*,[12] que ousou arrancar das suas mãos as rédeas do governo e, ao mesmo tempo, arruinar e desmembrar o império criado por ele.

Assim, ele morreu com um juramento de eterno ódio pelo *kaiser*; a cólera e a desforra foram as últimas palavras proferidas por sua boca e, desde então, aguardava no mundo invisível o momento propício da derradeira vingança.

Finalmente, havia chegado a hora ansiosamente esperada por ele. Velado e implacável, o inimigo inspirou insistentemente em Guilherme o desejo de declarar guerra à Europa. Aliás, ainda o suscita, o provoca e o incita, achincalhando-o, quando, em sua alucinada cegueira, ele se declara um embaixador do Céu, um messias inspirado por um "deus alemão" para o cumprimento do destino: civilizar o mundo à moda teutônica. Mas infelizmente, para o meu camarada, os outros povos não apreciavam os benefícios e os privilégios "da civilização" que ele queria implantar.

Do seu natural ponto de vista, conceituado e completamente justo de que "o fim justifica os meios", o qual os incautos costumam classificar como violência, brutalidade, assassinato etc., segundo a denominada consciência humanitária, fez os pobres alemães serem odiados por todos os povos do mundo. Muitos desses países se unificaram, com o sólido propósito de exterminá-los. Então é uma luta de vida ou morte!

Os alemães, ao seu modo, criam os métodos mais inimagináveis para trucidar os seus inimigos; e, juro pela minha barba, que em sua feroz brutalidade, tornaram-se piores do que canibais selvagens. Eles empalam, crucificam, queimam vivos os doentes, os feridos e as crianças. Assassinam friamente os prisioneiros, os velhos, os sacerdotes; estupram as mulheres com requintes de crueldade e... ha, ha ha, com animosidade incomum, bombardeiam e destroem as igrejas em pedacinhos, ou então as transformam em estábulos para praticar depois

---

12 Guilherme II detinha também o título de conde Hohenzollern. A Dinastia ou a Casa de Hohenzollern foi uma das mais importantes famílias nobres europeias, chegando ao auge com a criação do Império Alemão.

suas orgias por lá.

E cada vez mais, ao inventar alguma nova técnica para dizimar o inimigo com fogo, veneno ou gases asfixiantes, o meu camarada faz um discurso pomposo, afirmando com convicção que o "deus alemão" o havia inspirado uma nova arma como prova da misericórdia e proteção divina ao "povo escolhido".

Que ingratidão! Em vez de admitir abertamente que eu, comandando as legiões diabólicas, é quem o implusiono nos negócios, ele ousa agradecer abertamente ao "outro", sob o pretexto de haver recebido as graças celestiais. Como antes, ele é mesmo esse tal Nero, um hipócrita, patético e covarde, que, até dar-se conta de que tudo estava irremediavelmente perdido, não teve nem a coragem de se matar; e por isso, o escravo deveria fazer este serviço por ele...[13]

O porteiro do Paraíso escutava o relato de Satanás em silêncio, mas aparentemente apreensivo. Quando ele terminou de falar, perguntou com voz trêmula:

— Quantas vítimas, destruições e lágrimas, nesse pobre mundo!... Mas, me diga, quais foram as nações que lutaram contra esses monstros?

— Com prazer, meu vizinho, e começo pelos países mais jovens. Primeiramente, os eslavos: uma parte deles, há séculos, geme sob o jugo alemão. Você os conhece bem, uma vez que Jan Huss[14] e Jerônimo de Praga[15], conhecidos mártires que pereceram na fogueira, são, ambos, dos *seus,* e que apesar da minha curiosa expectativa não os encontrei no Paraíso.

— Mas é claro que eu os conheço! Esses grandes espíritos desistiram de bem-viver na paz e harmonia da bem-aventurança celestial, para reencarnar na Terra, com a finalidade de

---

13 No ano de 68 d.C., o senado romano decide nomear outro imperador romano, declarando Nero como inimigo público. Assim, Nero teria se preparado para suicidar-se contando com a ajuda do seu secretário, Epafrodito, que o teria apunhalado quando um soldado romano se aproximava.

14 Jan Huss (1369-1415) foi um pensador e reformador religioso. Iniciou um movimento religioso baseado nas ideias de John Wycliffe e seus seguidores, ficando conhecidos como os sussitas. A Igreja Católica não perdoou tais rebeliões e ele foi excomungado em 1410. Condenado pelo Concílio de Constança, foi queimado vivo.

15 Jerônimo de Praga (1379-1416) foi o principal discípulo e o mais devotado amigo de Jan Huss, o célebre reformador religioso tcheco.

amparar os compatriotas oprimidos. "A paz do céu descerá sobre nós, quando o derramamento de sangue dos nossos irmãos parar e o jugo secular dos seus inimigos for derrubado. A sua libertação também será a nossa!", disseram eles.

Satanás fez uma careta.

— Voltando à guerra... você também conhece os outros arqui-inimigos de Guilherme: os franceses, pois há um monte de representantes deles entre vocês, como por exemplo Joana d'Arc.[16]

— Sim, é verdade! Minha visão se clareou, e eu posso até visualizá-los... Mas Joana também deixou o Paraíso, para lutar pela sua querida França.

— Então, vamos lembrar de uma vizinha da França: a Bélgica. É um país pequenino que teve o seu povo vibrante e buliçoso covardemente flagelado e torturado pelos teutões, e que foi salvo dos exércitos do meu camarada, graças à bravura do grande espírito que comandava àquela nação: um rei-herói.[17] Como você pode ver, apesar de ser Satanás, eu sou justo e reconheço a verdadeira grandeza... Bem, listar todos os inimigos de Guilherme seria longo demais; por isso vou destacar apenas a Inglaterra, um país poderoso e rico, habitado por um povo enérgico e viril, e a Itália, onde você recebeu uma vez a coroa do martírio,[18] sendo até os dias de hoje profundamente reverenciado por isso.

— Muito tempo se passou... e agora, eu gostaria de perguntar à humanidade terrena: *"Quo vadis?"*[19]

— Para o final da história, eu reservei o maior inimigo do meu camarada: a Rússia, um país extraordinário e vasto, onde

---

16 Joana d'Arc (1412-1431) foi uma heroína francesa, chefe militar da Guerra dos Cem Anos na longa luta contra os borguinhões e seus aliados ingleses. Foi executada pelos borguinhões em 1431 e canonizada em 1920, quase cinco séculos depois de ter sido queimada viva em um auto de fé.

17 Alberto I (1875-1934) foi o Rei da Bélgica entre 1909 e 1934. Durante a Primeira Guerra Mundial, Alberto I assumiu o comando do exército belga para defender seu país da invasão alemã. "Eu governo uma nação, e não uma estrada", disse o rei em resposta aos alemães que desejavam mover seus soldados através da Bélgica. Foi saudado em Bruxelas como um herói nacional.

18 O apóstolo Pedro é considerado pela Igreja Católica como o primeiro papa do Cristianismo. Ao se dirigir ao porteiro do Paraíso (São Pedro), Lúcifer faz uma referência irônica à coroa do papado como sendo a coroa do martírio.

19 *"Quo vadis?"* é uma expressão latina que significa: "Para onde vai?"

J. W. Rochester

caríssimos teutões, desde há muito tempo, foram recebidos com hospitalidade generosa. Descarados e sem vergonha, eles se acomodaram por lá, como se estivessem na sua própria casa, aplicando amplamente, em relação àquele povo indulgente, o meu décimo primeiro mandamento adicional: "Não seja um perdedor".

Com persistência, eles consolidavam tudo em suas mãos: a riqueza, as honras e a posição dominante no país, para depois, como convém a indivíduos dessa natureza, se aproveitarem das circunstâncias favoráveis para roubar, espionar, trair e odiar secretamente os russos, que, excessivamente crédulos e benevolentes, os hospedaram. No entanto, imagine só que, apesar de tantas vantagens, apesar da massa fervilhante de espiões e traidores em todos os níveis da escala social, meus companheiros não conseguiram derrotar esse povo; e eu tenho medo que, nesta luta, ainda quebrem seus pescoços...

O Guardião Celestial aparentava não mais ouvir... Ele se endireitou, e os seus grandes e radiantes olhos contemplavam alguma visão distante...

— Sim, eu o vejo, vasto país — falou o Guardião, emocionado. — Acima dele foi estendido o véu da Luz dourada, tecida com a luminescência das orações de milhões de pessoas, fortalecidas na fé, a fé viva que com amor e humildade honra o Pai Celestial, o Seu Divino Filho e a Mãe de Deus Misericordiosa. Em todos os lugares brilham centenas de milhares de cruzes nos templos abençoados do Senhor. Em todas as *datchas*[20], em todas as residências abastadas, e em cada cabana miserável, acende-se uma lâmpada diante do Ícone. Um verdadeiro russo não dá um passo na vida sem pedir as bênçãos do Céu.

Sei que você jamais será derrotado: povo de heróis modestos e humildes que lutam como leões e morrem como mártires, cujos corações são grandiosos como os altares das capelas, e onde habitam, cheios de fé, a esperança inextinguível e a sólida convicção do milagre divino. Esse povo dispõe de incontáveis

---

20 *Datchas* – Casa de campo das famílias russa.

Numa Noite de Natal

santos, conhecidos e desconhecidos, os quais, em tempo algum, jamais deixarão de socorrer os apelos e as orações dos seus irmãos encarnados, e que, nas suas dores, tristezas e lágrimas vertidas, estarão presentes na luta com eles...

Ergue-se o véu que oculta o passado e o futuro, e eu vejo que esta terrível guerra foi necessária para despertar o povo do esquecimento, para abrir os seus olhos diante do perigo da invasão estrangeira, astuta e dissimulada, em que milhares de traidores, semelhantes a pulgões, corroem o país. Mas a luta assustadora e gigantesca levantou o grande povo. Ele se arvora como um herói dos contos de fada e, fiel à força histórica de sua pátria, derrama o seu sangue e o sangue dos seus irmãos oprimidos pela liberdade...

O ancião parou de falar, e um profundo suspiro irrompeu do seu peito. Satanás o observava silenciosamente, inquietado por uma estranha e desagradável sensação. O seu olhar abrasado perdeu o brilho, e o sorriso cínico e debochado que sobressaía no seu rosto deu lugar a uma expressão de profunda amargura.

— Acredite, eu me comovi com a sublimidade e a exaltação com que descreveu a sua visão profética, porque, antes de ser o Príncipe das Trevas, eu fui um arcanjo, e apesar do negrume da minha alma eu ainda não me esqueci completamente do esplendor e da harmonia reinante no Céu.

Eu também fui um átomo insignificante da Luz perfeita que move o Universo. Desci das alturas imensuráveis ao centro mais ínfimo de cada ser, para mergulhar no caos e, em seguida, galgar passo a passo, vivenciando todas as tristezas, passando por todas as lutas, superando todas as dúvidas e suplantando o lancinante desespero das almas imperfeitas, à caminho da verdadeira Luz. Eu alcancei a perfeição, mas... as portas do Céu estão fechadas para mim, como antes...

Ele cortou abruptamente o seu discurso, e seu rosto se contorceu numa expressão colérica que logo cedeu lugar a um ar de desprezo e orgulho zombeteiro.

— Chega de estupidez! Você abalou os meus nervos, meu vizinho! Como Lúcifer, juro que não tenho nada a reclamar da minha régia posição. As minhas terras são extensas, eu sou o rei do mal e governo autoritariamente sobre a matéria bruta que reveste cada criatura; e ainda subjulgo as pessoas, mediante suas paixões desenfreadas e seus instintos selvagens.

A luta entre o bem e o mal é emocionante, trágica e repleta de aventuras, e eu assisto como um espectador as legiões dos meus servos exercerem suas funções eficientemente: refreiam as almas no caminho para o Céu, aprisionando-as com as algemas de sua própria carne, como escravos dos desejos do corpo, porque desistir das alegrias e dos prazeres, ou até das tristezas, é mais difícil do que virar um santo... ha, ha, ha! — e riu sarcasticamente.

— Mas vamos voltar ao assunto sobre o qual eu vim falar com você, meu vizinho, que já está se alongando por demais, e já está na hora de terminar. Eu estou vendo o meu secretário, o Cauda Maravilhosa, me fazendo sinais do outro lado.

Em suma, eu não tenho espaço suficiente, e vejo também que tudo está vazio por aqui. Por isso, lhe pergunto: será que você não quer receber alguns dos meus hóspedes? Eu não escondo a verdade, de que essas almas me pertencem, mas, levando em conta as excepcionais circunstâncias da ocasião, vou doá-las a você.

— Obrigado! Mas, se essas almas são *suas,* então como será permissível que elas entrem no Paraíso? Deus nunca permitirá isso. Imagine!

Lúcifer sorriu enigmaticamente...

— Quem sabe?... Aí está um ponto em comum, conciliatório, em que talvez eu e Ele possamos acordar. A maioria dessas almas que eu quero lhe conceder pertencem igualmente a Ele e a mim, mas eu declino dos meus direitos.

O porteiro do Céu olhou de soslaio para o seu interlocutor, e finalizou:

— Bem, se você veio até aqui para falar bobagem, perdeu

seu tempo. Adeus! Talvez seja melhor eu ir dormir um pouco — resmungou, num tom descontente.

— Não, não! O que eu digo é a pura verdade! As almas que estou lhe oferecendo, assim como todas as que já se encontram sob a tutela Dele, chamadas de *cristãos* e que propalam os grandes ideais de liberdade social e abastada cultura, também são portadoras e pregadoras de todas essas talentosas qualidades e conhecimentos. Mas preferem utilizar para si o termo designado por elas próprias: *Kulturträgers*.[21]

Além disso, elas definem o seu "deus alemão" com Aquele a Quem você venera e respeita, e cantam salmos em sua honra e se orgulham da sua proteção celestial. No entanto, o excesso de graças que julgam merecer do Alto, aliado ao excesso de confiança que têm em si mesmas, por acreditar que são "um povo escolhido", mexeu tanto com as suas cabeças, a ponto de se tornarem orgulhosas e arrogantes, que agora, acredite, não deixam mais ninguém viver em paz na Terra, sem cobiçar dominar o mundo. Então, meu caro vizinho, sob o rótulo de *cristãos*, *Kulturträgers*, ou *povo escolhido*, você bem que poderia recebê-los no Paraíso.

Acredito que o Filho de Deus não vai se opor. Os alemães também criaram a lei da dupla cidadania, ou seja, eles são, de pleno direito legal, os filhos do Diabo e do Céu, ao mesmo tempo. Claro que isso foi elaborado de forma inteligente, mas, sabe, não foi adequado para mim. Ainda é preciso saber quem eles são verdadeiramente: seus súditos, ou almas vacilantes e indecisas que ainda não optaram por qual caminho trilhar...

Não! Na paz celestial, eles se tornarão pacificados, e talvez até deixem de ser tão insuportáveis; reconhecerão o Céu como sua verdadeira pátria e poderão cantar livremente: *Deutschland über Alles*.[22]

Mas os meus pecadores, os alemães, murmurando sem parar, com exigências descabidas, várias artimanhas e subterfúgios vis, irão acabar semeando a discórdia, instigando uma

---

21 *Kulturträgers* - Do alemão, significa "Motores da cultura".
22 *Deutschland über Alles* - Do alemão, significa "Alemanha acima de tudo".

revolta ou divulgando algum segredo relevante do Inferno. Eu não me surpreenderia, também, se algum deles arquitetar, Deus me livre!, de me destituir para tornar-se o rei do Inferno. Não, muito obrigado!... Em meus territórios é preciso que cumpram ordens e obedeçam; por isso não quero recebê-los. Mas, caso você também desista deles, então deixe-os vaguear em qualquer outro lugar longe daqui; senão poderão querer retornar à Terra.

Enfastiado, o Guardião Celestial ouvia aquela extensa confabulação, quando, do lado oposto do abismo, reapareceu o Cauda Maravilhosa, muito agitado. No mesmo instante, do lado do Paraíso surgiu o anjo condutor visivelmente corado, voando em direção a eles. O ancião aparentava tanta preocupação, que não reparou que Satanás, apressadamente e sem rodeios, retirou o relatório que estava nas mãos do anjo, e começou a lê-lo:

> Guardião Glorioso do Paraíso, multidões inumeráveis de almas se elevam da Terra e solicitam com insistência que os portões do Céu sejam abertos; contudo, não há nada de celestial na sua aparência. Suas vestes espirituais estão enegrecidas pelo sangue derramado, além de exalarem um odor cadavérico sufocante. Portanto, não são abençoadas pelo Símbolo da Redenção, e nenhuma alma santificada as conduz.

Preocupado com o relatório, o venerável ancião caminhou apressado para a estrada do Céu que se interligava à Terra, enquanto Lúcifer voava precipitado sobre o abismo e, sarcástico, ordenou, imperativo, para o seu secretário:

— Vamos defender as nossas fronteiras, meu querido, porque esses visitantes da Terra são valentes guerreiros!

A estrada no Céu que conectava-se à Terra agora estava lotada pela densa massa de almas que chegavam. A infinita fila se estendia ao longe. A multidão que regressava, impaciente e atrevida, gritava impropérios e, ameaçando, tentou apoderar-se de uma área diante dos portões do Paraíso, mas uma forte guarda angelical obstruía o caminho.

Numa Noite de Natal

— Silêncio! Sentido! — com a voz tonitruante gritou o ancião, que se aproximou deles. — E vocês, Anjos da Verdade e da Justiça terrena e celestial, me respondam em que lei se baseia a pretensão dessas almas arrogantes, para julgarem que podem ser admitidas na morada celestial?

— Gostaríamos de saber quem é mais digno de entrar no Paraíso do que nós!? — em resposta, gritaram em uníssono aquelas vozes encolerizadas e agressivas. — Somos cristãos, professamos a pura doutrina do Evangelho e somos portadores de abastada cultura. Se lutamos contra os povos inferiores e os tratamos com austeridade, é simplesmente porque, em sua estupidez e subalternidade, eles não têm a capacidade de avaliar, à altura, a nossa sabedoria e autoridade. Morremos como heróis e nos sacrificamos pelo júbilo de toda a humanidade.

— Calem-se! Vocês não são juízes desta causa. Os Anjos da Verdade e da Justiça é quem julgarão os seus atos e os seus direitos.

— Não consideramos esses seus comparsas, com ideias estúpidas e antiquadas, os nossos juízes — gritavam os recém-chegados. — Temos a nossa própria ética e abolimos a sua. Estamos prontos para pagar qualquer preço pela implementação dos "ideais elevados" e para fundamentar o caminho da verdadeira justiça, que primeiramente deve ser útil para nós, ou seja, de que a verdadeira caridade começa em nós mesmos e a verdadeira liberdade não tem limites morais.

Nós descartamos todos os obstáculos e rasgamos o véu dos preconceitos estúpidos, que vocês chamam de "humanitários". Somos diretos e objetivos; e, do nosso ponto de vista, homicídio é heroísmo; ingratidão, roubo ou traição, em relação à pátria, são virtudes cívicas; e desprezamos qualquer pedaço de papel assinado que, embora seja tido como "acordo", trata-se na verdade de uma política totalmente questionável. Acreditamos firmemente que não se aniquilam preconceitos seculares apenas com as luvas brancas da paz, nem com reverências ou cortesias, mas somente com o punho blindado da luta armada. Sim, somos os pioneiros do progresso, e escrevemos as nossas crenças com nosso próprio sangue. E vocês ainda ousam dar com os portões do Céu na nossa cara?!! Abram agora estes portões, senão invadiremos e mostraremos os nossos direitos!

A multidão desenfreada sacudiu os punhos ensaguentados, vociferando vários xingamentos.

— O senhor consegue enxergar mesmo, Glorioso Pai, quão descaradas são estas almas astutas e ardilosas?! — proferiu o Anjo da Justiça, vermelho como um pimentão. — Elas ousam afirmar que são os "pioneiros da liberdade", enquanto manifestam uma violência infame e indecorosa. Atrevem-se a proclamar-se os motores da cultura, estes homens pérfidos, dotados de uma crueldade monstruosa, que exterminavam os inocentes, roubavam despudoradamente, e transformavam em deserto todos os lugares por onde transitavam; e, no entanto, pereceram indistintamente ébrios e cegos. E as suas mulheres? Veja, elas também sucumbiram banhadas em sangue, assassinadas por eles. Na minha opinião, estas almas cruéis e escarnecedoras, que insultavam tudo o que o Criador e Seus embaixadores nos ensinaram a amar e a honrar e denegriam tudo o que representa a concepção do bem, não podem ingressar no Paraíso. O lugar delas é mesmo no Inferno!

— Sim, você está certo! Claro que não posso permiti-los entrar. O Paraíso não é uma morada de ódio e assassinato, e sim de paz e bem-aventurança. Somente aqueles que renunciaram ao ódio e ao egoísmo, e empreenderam uma vida dedicada ao amor ao próximo e às boas ações podem merecer adentrar um lugar onde descansam os justos...

O Guardião do Céu fez um sinal com a mão e, ao seu comando, surgiu uma tropa de anjos, armados com espadas flamejantes. E os *Kulturträgers*, apesar dos gritos de protesto e discordância, foram empurrados para os limites do Inferno. Mas Lúcifer lá os aguardava, severo e cruel, e com um bater de asas poderosas repeliu os invasores, bloqueando-lhes à entrada.

Rejeitada pelo Céu e pelo Inferno, a multidão foi à loucura

e explodiu em xingamentos do mais baixo calão, dirigidos ao Guardião Celestial e a Satanás: ao primeiro, por não querer de forma justa recompensá-los pelos "atos heroicos" e implementação de uma nova civilização estruturada com "ideais elevados", assim como também ao segundo, que os rejeitava injustamente, considerando-os assassinos, traidores, ladrões etc., quando deveria reconhecê-los como portadores de todas as qualidades imprescindíveis para serem cidadãos satânicos.

Enlouquecidos, eles corriam ora aos portões fechados do Paraíso, defendidos pelos anjos, ora às portas do reino infernal, onde Lúcifer os escorraçava, descaradamente.

Finalmente, essa luta interminável aborreceu tanto o Príncipe das Trevas, que ele gritou imperativo, em voz alta, para o vizinho:

— Tome você alguma providência, já! Nós temos de resolver o que vamos fazer com esta horda, que nem eu nem você queremos receber!

— Esta é uma causa sem precedentes. Temos de colocá-la ao critério do Altíssimo — respondeu com a voz abafada o ancião, indignado, encolhendo os ombros e sacudindo a cabeça em reprovação.

— Está ótimo! Ele os criou, então é Ele quem tem de resolver agora o que fazer — respondeu Satanás, agasalhando-se com uma nuvem de fumo preto, fedorenta e sufocante, da qual os rebeldes recuaram pressurosos.

Nesse momento, um canto harmônico e majestoso soou da Terra, e das profundezas do Espaço surgiram multidões de claríficas almas, encabeçadas pelo Santo Padroeiro do Exército do Cristo, montado num galhardo cavalo, branco como a neve. Sua armadura fulgurava como o Sol, e a Cruz Resplandescente, que parecia cravejada de diamantes, ostentava como uma bandeira a insígnea dos seguidores do Salvador. Nas nuvens, salpicadas do sangue derramado pela pátria, flutuavam as almas depuradas dos heróis.

No séquito que acompanhava o Santo, estavam os bravos

soldados, os indômitos caudilhos e os sacerdotes que pereceram nas batalhas, concedendo aos agonizantes a última consolação, comungando-os com o sangue do Cristo. Com a imagem da Cruz imaculada estampada no peito, acompanhavam as caridosas freiras, brutalmente assassinadas quando prestavam socorro aos inumeráveis feridos da guerra.

Ao deixar em campos de batalha as suas vestimentas terrestres, eles se revestiram da luminosidade espiritual que marca a vitória do espírito sobre o corpo. Nos seus peitos, alvoreciam a Cruz dos corajosos, a Cruz do Padroeiro Celeste: São Jorge, o vencedor triunfante do dragão carnal.

As massas escuras das almas rejeitadas pelo Céu e pelo Inferno recuaram como ondas tormentosas, para ambos os lados da estrada, abrindo caminho à procissão resplandecente.

Enquanto isso, o Guardião Celestial e os anjos se prostravam fervorosos diante do disco radiante e oravam ao Eterno para que Ele julgasse aquelas almas criminosas e deliberasse sobre os seus destinos.

— Senhor Jesus Cristo — bradou o venerável ancião, erguendo as mãos —, todos estes recém-chegados pronunciam o Vosso nome. Olhai para estes vossos filhos, Senhor! Nós submetemos à Vossa sapiência também estes nossos irmãos. Que a Vossa presença no Paraíso julgue as causas das boas e das más almas, e separe os lobos das ovelhas!

De repente, o Céu límpido e azulíneo se abriu, e na luminosidade ofuscante da beleza divina resplandeceu o Cristo, em toda a Sua glória, cercado por um cortejo de almas envolvidas por uma luz translúcida e diáfana.

Com olhar austero e entristecido, o Salvador observou, meditativo, as massas sombrias e rebeldes... e a Sua voz ecoou poderosa como um trovão:

— Como ousaram intitular-se cristãos e ao mesmo tempo comportar-se pior do que os demônios, criaturas rejeitadas pelo Céu e pelo Inferno?! Observai os acusadores que se levantaram contra vós, profanadores de todas as leis divinas e humanas!

Então Ele ergueu a mão translúcida, e milhares de criaturas aterrorizantes surgiram no Espaço. Eram as suas vítimas: pessoas deformadas e mutiladas que tiveram pés, braços, orelhas e narizes decepados, olhos perfurados, línguas rasgadas, crianças crucificadas, mulheres torturadas, doentes e feridos queimados vivos. Todos oravam fervorosamente ao Senhor, clamando por justiça.

— Vede! O sangue de milhares de vítimas torturadas por vós dirige súplicas e clamores aos Céus — disse o Cristo. — Fostes cruéis e hediondos, piores que animais selvagens, e forjastes para vós próprios a mais funesta transição da vida para a morte, na mais degradante embriaguez para um ser humano. Mergulhados no sangue dos inocentes, maculados pelas blasfêmias, comparecestes ao mundo espiritual como degradados. Ultrajando e amaldiçoando, me traístes de forma mais sórdida que Judas.

Então Ele estendeu novamente a mão, da qual jorrou um fogo exterminador.

— Não sois dignos da imagem e semelhança de Deus! Então, vos privarei da aparência humana. Daqui em diante, vivereis sob o estigma da animalidade, e que subsistais todos vós à imagem e semelhança dos animais, aos quais vos equiparardes pela ferocidade. Todos estão banidos deste lugar sagrado. E que vagueiem relegados às profundezas do Infinito, até que os vossos próprios sofrimentos abrandem vossos corações empedernidos!

Nesse instante, nuvens enegrecidas e recortadas por relâmpagos sangrentos encobriram os condenados... e durante algum tempo ouviram-se gritos estridentes e lancinantes de bandos de hienas e chacais que se movimentavam lépidos pelo Espaço. Com a mesma rapidez, todo aquele mal se dissipou...

Após esse feito decisivo, o Salvador se dirigiu, afável e amoroso, aos outros:

— Venham a mim, meus filhos amados, todos vós que me evocais com amor e esperança! Venham, todos que sofreram os mais atrozes padecimentos e martírios, quando aprisionados e trucidados de forma aviltante, e que pereceram exaltando o meu nome, como a última e derradeira palavra proferida nos lábios.

Fiéis e devotados ao juramento de bem-cumprir os meus mandamentos e as minhas insignes palavras "Dai à César o que é de César, e a Deus o que é de Deus",[23] meus ensinamentos estão indelevelmente gravados em vossos corações. Misericordiosos e indulgentes com o inimigo, expiraram todos como um valoroso exército do Cristo pela sua pátria e pela libertação dos irmãos oprimidos.

Vossos nomes serão gravados nos anais dos Céus e todos os vossos pecados serão redimidos. A vós, pequenos e humildes, mas abundantes e abastados de fé, Eu curarei todas as chagas de vossas almas e de vossos corpos, e vos tornarei grandes e dignos do Céu.

Então, das mãos do Cristo emanaram uma fina chuva de minúsculos flocos dourados que recobriram de luz refulgente aqueles corpos feridos, carbonizados e mutilados... O que se viu a seguir foi um verdadeiro milagre divino. Aquelas almas martirizadas começaram a se iluminar e seus rostos esquálidos e desfigurados resplandeceram de fé e de felicidade; seus corpos sutis estavam curados, harmoniosos e novamente perfeitos.

— Abri, pois, as portas do Paraíso para que estes meus filhos, fiéis e amados, possam desfrutar da felicidade da paz e da bem-aventurança! Eu jamais me esquecerei dos seus feitos e dos seus martírios por mim. A vós, como aos vossos inimigos, Eu retribuirei a cada um segundo às suas obras, pois é dito: "Minha é a vingança, eu recompensarei".[24]

E o Paraíso já não estava mais vazio. Aquela multidão de almas misericoriosas e abençoadas pelo Cristo povoaram as moradas celestiais. E agora repousavam naquele mundo bem-aventurado, com a consciência do dever cumprido...

Pavlovsk, julho de 1915

---

23 "Dai à César o que é de César e a Deus o que é de Deus", Matheus 12:17.
24 "Minha é a vingança, eu recompensarei", Romanos 12:19

4

Das trevas à Luz

I

A porta de uma cela escura se fechou com um ranger estridente e aflitivo, ao encarcerar um condenado para quem a Suprema Corte acabara de decretar a sentença de morte. Na madrugada do dia seguinte, antes do nascer do Sol, ele seria executado.

Com uma sombria serenidade e uma coragem estoica, o réu ouviu a sentença proferida pelo juiz e renunciou com visível desprezo às bênçãos do sacerdote e à comunhão eucarística.

Agora, encontrava-se sozinho e imerso no profundo silêncio da solitária, o qual era rompido apenas pelos passos intermitentes de uma sentinela no corredor, atrás da porta. Mas aquela aparente tranquilidade que ostentava até então, subitamente o abandonou, como se fosse uma máscara mal fixada que tivesse caído de seu rosto. Cambaleante, segurou a cabeça com as mãos e, pensativo, deixou-se quedar numa cadeira, cerrando os olhos.

Era ainda muito jovem, talvez tivesse uns vinte e dois anos, no máximo; uma agradável expressão facial, um tanto pueril, emoldurava o seu rosto. A vasta cabeleira castanha, quase preta, e uma barbicha crespa e curta destacavam ainda mais a palidez lívida de seu rosto e dos olhos profundamente cavados.

A consciência cruel o martirizava.

"Está tudo acabado! Tudo!..", pensou.

Dentro de poucas horas, ele deixaria de existir... Aquele corpo que respirava pela vida e pela força da sobrevivência, apesar de esquálido e magro, se tornaria uma massa fria e inanimada. Aquilo que sofre, palpita e pensa, e que faz uma personalidade diferir das outras, enfim desapareceria. Mas para onde iria? Será que possuiria, de fato, uma alma? Ou aquele sopro de vida, aquela matéria que respira, simplesmente se extinguiria, tal qual a chama de uma vela que se apaga com a rajada de vento?

A morte, essa terrível desconhecida, estava iminente!

Sem nenhum receio ou remorso, ele tirava a vida dos outros, e a agonia de suas vítimas não o abalava. Mas, naquele momento, quando a visitante assustadora lhe estendia a mão cadavérica para agarrá-lo, ao sentir o bafejar da respiração gélida no seu rosto, ficou aterrorizado e cobriu-se de suor.

Então, com um gemido surdo, ele saltou da cadeira e começou a andar pela solitária.

Havia transgredido as leis vigentes; violado a ordem e a segurança estabelecidas para manter o bem-estar social; aviltado a Justiça, zombando dela tantas vezes. E, implacavelmente, a mão da desforra o agarrara; a roda pesada da Lei agora estava pronta para esmagá-lo... Renunciou a tudo o que respeitava e amava antes. Renegou a Deus, porque Deus não lhe dera provas de Sua existência...

Mas teria Satanás – a quem havia se dedicado com tanta fidelidade – confirmado a sua existência? Ele o havia recompensado, pelo menos, com alguns dos seus prêmios diabólicos pelas suas "grandes façanhas", como homicídios, roubos, incêndios?... Não! O Inferno também se calara, assim como o Céu. E ele estava absolutamente só, naquele momento aterrorizonte!

Tudo ao redor era então um lúgubre silêncio...

Aqueles dois anos que o transformaram num criminoso e o levaram para a prisão desfilavam diante dos seus olhos, estupefatos, como num filme. Ele se recordava dos falsos amigos, uns farsantes cujos discursos cínicos e inflamados desestabilizaram radicalmente suas antigas convicções, bem como a vida alicerçada em princípios de honradez e integridade.

E mais vivamente que tudo, ele se lembrava dela, da "Ester

morena", uma jovem e sedutora estudante, de olhar abrasado.

Seus discursos audaciosos e acalorados fluíam inebriantes em sua alma, como se fossem um vinho espumante e capitoso, persuadindo-o a transformar-se no libertador do povo; no defensor que deveria lutar pelos direitos dos fracos e oprimidos; no juiz que deveria castigar o governo tirânico e criminoso, causa da desgraça de seu povo. Com aqueles discursos inflamados e projetos grandiosos "de libertação", ela soube habilmente corporificar a imagem sedutora do futuro: muito ouro, fama de herói, êxtase do amor e glórias do poder que exerce aquela força oculta, à frente da qual estremecem até os poderosos do mundo.

Ele se apaixonou perdidamente por aquela judia impetuosa e cruel, que só ansiava por sangue e carnificina. Ela sabia inebriá-lo com carícias e o convenceu a admirar o seu "pobre" povo, incitando-o a compactuar com eles e servir-lhes com obstinada fidelidade. Para libertar aquele povo oprimido e humilhado, e conquistar a tão sonhada igualdade de direitos, ele estava disposto a tudo. E ela estaria ao seu lado, lutaria com ele e por ele; ela jurou vencerem ou morrerem juntos...

Naquela altura, seduzido e inebriado, já sem o chão sob os pés, totalmente fora da realidade, ele se entregou de corpo e alma àqueles farsantes, àqueles agiotas judeus, que lhe entregaram ouro para as bebedeiras e as orgias, levando em troca a sua vida...

Mas aqueles anos audaciosos, cheios de aventuras e proezas, passaram depressa. Com lembranças claras, e agora torturantes, ele reviveu na memória de um condenado os comícios conturbados e violentos, as reuniões clandestinas incitando a selvageria, em que juntos – ele e ela – desempenhavam o papel principal. Depois recordou, passo a passo, as expedições temerárias da gangue liderada por ele, "suas expropriações" bemsucedidas que rendiam muito ouro, os saques nas igrejas, os espancamentos de padres e policiais inocentes, os incêndios nas propriedades, e finalmente a "apoteose": a reunião do Tribunal

Revolucionário que sentenciou a morte de um alto funcionário do Governo e que deu a ele a "honra" de executar a sentença.

Apesar do seu desejo de vingança, ele hesitou antes de praticar seu último crime. Só Deus sabe por que motivo aflorou-lhe à memória, naquele derradeiro instante, a imagem de sua velha mãe, envergonhada e ultrajada, ao tomar conhecimento de que ele havia praticado tal atrocidade.

Mas então, em seu íntimo, desencadeou-se uma verdadeira tempestade: como assim, ele, o defensor do povo, o valoroso combatente da liberdade e dos direitos dos oprimidos, recuaria diante daquele ato de suprema justiça, desistindo de dar um exemplo brilhante de serviço ao "ideal", rejeitando a honra de libertar o mundo de mais um opressor e infame dirigente da tirania?!!...

Ester gritava e se indignava mais do que todos: ora ela o persuadia, ora demonstrava desprezo, ora rogava, ajoelhada, que ele executasse logo o condenado para que se tornasse um herói glorificado pelos séculos futuros, ao defender e se sacrificar pelo infeliz e flagelado povo de Israel que "o monstro reacionário" perseguia com impiedosa hostilidade.

Ele finalmente se rendeu, e a vítima caiu...

Um homem de idade avançada, até então nunca visto por ele, desfalecia na sua frente, mutilado, banhado numa poça de sangue. O olhar exânime da vítima fitou o algoz e a voz levemente rouca fez uma pergunta assustadora:

— Por quê?....

Nesse exato momento das lembranças, pareceu ao encarcerado estar ouvindo novamente a voz abafada e surda de sua última vítima, seguida por outros gemidos, outras vozes... As paredes escuras do cárcere se iluminaram com uma luz bruxuleante e purpúrea; e, nesse fundo sanguinolento, elevaram-se as labaredas e a fumaça dos lares incendiados. Ele ouvia gritos de terror e desespero, e os gemidos dos feridos encheram o ar. Em torno dele, numa dança diabólica, pululavam seres ébrios de *vodka* e sangue. Nos cantos escuros, ele avistava os rostos deformados de suas vítimas, estendendo-lhe as mãos, e sentiu os cabelos em pé...

Furioso, deu-se conta de que havia sido irremediavelmente abandonado por todos, desde o dia em que foi preso. Aqueles seus amigos sórdidos e interesseiros, que antes admiravam o seu "heroísmo", tinham sumido; e a mulher a quem amara sem reservas, abandonando tudo por ela, também não seguiu com ele como havia prometido... Ela o abandonara e fugiu. Todo o bando havia desaparecido, como ratos que fogem, deixando-o sozinho...

Possesso, bateu com os pés no chão ao ver surgir à sua frente a imagem de uma forca... e, no cadáver desfigurado do enforcado que balançava na corda, ele reconheceu a si mesmo.

— Satanás! — gritou colérico, brandindo os punhos. — Eu vendi para você a minha alma e o meu corpo, e você me prometeu em troca ouro, glória e amor. Ao invés disso, me deixou à mercê desses monstros. Apareça! Venha me ajudar; me liberte! Eu tenho direito à sua proteção, e exijo uma prova de que está ouvindo a voz do seu servo...

Um barulho velado, como um trovão forte e distante, sugeriu ao condenado que era a voz de Satanás respondendo à sua evocação. Aturdido, lhe pareceu que girava alucinadamente, acima de um abismo, como se fosse uma folha seca que é arrancada pela tempestade, para depois voar.

O preso cambaleou e caiu no chão desacordado.

II

O velho coronel, antigo diretor do presídio, trabalhava no seu gabinete, examinando alguns documentos. Nisso, entrou um dos carcereiros e anunciou que uma velha senhora solicitava ser recebida.

— É a mãe daquele infeliz que será executado amanhã, coronel — informou.

O rosto afável e bondoso do diretor se contraiu.

— Com certeza ela deseja ver o filho.

— Absolutamente! Ela me disse que deseja falar com o senhor.

— Então, deixe-a entrar! — respondeu o coronel, refletindo.

Alguns minutos depois, uma senhora idosa, em trajes de luto, adentrava o gabinete. Apesar das rugas e do semblante entristecido, dos olhos marejados de lágrimas e dos cabelos totalmente grisalhos, ela ainda mantinha os traços da antiga beleza.

O coronel, surpreso, a observou mudo e curioso. Apesar da grande mudança causada pelos anos, ele reconheceu nela uma antiga amiga de infância que perdera de vista desde que ela se casou. Depois, só soube que ela tinha enviuvado, e agora um estranho acaso os reuniu naquele momento infeliz.

— Pobre mulher, mãe infeliz! Jamais imaginei encontrá-la numa circunstância difícil como esta — disse o coronel, com a voz estremecida.

Absorta em seus pensamentos, a velha senhora levantou o olhar enevoado e disperso, sem contudo reconhecê-lo.

— Gostaria de pedir ao senhor, e pelo amor de Deus não recuse... — balbuciou, já querendo ajoelhar-se, mas o coronel conseguiu impedi-la e a fez sentar-se na poltrona.

— Pode falar! — disse ele, apertando-lhe as mãos, solidário. — Se o seu pedido depender de mim, farei o possível para atendê-lo. A senhora provavelmente quer ver seu filho. Mas já deve saber que a sentença já foi promulgada — concluiu o diretor, abaixando ainda mais o tom de voz.

Ela meneou negativamente a cabeça.

— Não, não quero vê-lo, eu já sei de tudo: ele foi condenado à morte e desistiu até da eucaristia. Eu sei que ele está perdido, e que morrerá de forma vergonhosa, maculado pelos homicídios; eu só penso em sua alma. Eu só quero salvar a sua alma: este é o meu pedido. Veja!

Ela então colocou uma pequena trouxa sobre a mesa, e a desamarrou. Dentro dela estavam um ícone da Mãe Santíssima – uma bela imagem antiga de arte sacra –, uma lamparina, um frasquinho e mais alguma coisa embrulhada num papel de seda.

— Este é o ícone diante do qual nós rezávamos sempre juntos, durante muitos anos, desde que ele era uma criança devotada e pura. Então rogo-lhe, senhor, mande levar o ícone para sua cela. Ele reconhecerá esta imagem da Virgem Santíssima, acenderá a lamparina à sua frente, colocará ao lado o frasquinho com a água benta, e a hóstia com do corpo do Salvador completará o resto...

— Eu farei tudo o que a senhora está me pedindo, mas a alma do seu pobre filho ainda está acessível à fé? Ele me parece um ateu convicto.

— Não faz mal, só cumpra o meu pedido. Eu confio à Nossa Senhora o restante. Ela sabe de tudo; tudo confessei à Ela, e sinto que acolherá com misericórdia as minhas súplicas. Ela irá salvá-lo!

Na voz e no olhar daquela infeliz mãe vibrava uma fé tão poderosa e um arroubo tão repleto de vontade e esperança, que o velho coronel ficou comovido.

— Eu mesmo levarei o ícone para a cela e acenderei a lamparina, e que o Cristo e nossa Mãe Santíssima salvem a alma do seu filho pródigo. Não se desespere, senhora! Há mais milagres no mundo, do que os ateus possam imaginar! — pronunciou com a voz trêmula.

A velha senhora se levantou, beijou pela última vez o ícone sagrado e depois apertou com veemência a mão do coronel.

— Agradeço profundamente ao senhor. Agora vou para a igreja rezar durante toda a noite, e amanhã, quando tudo estiver terminado, eu volto.

Sua voz estremeceu e ela saiu do gabinete apressadamente, o quanto lhe permitiam as pernas enfraquecidas.

O diretor chamou o carcereiro e se dirigiram para a solitária onde estava o condenado. Ele parecia dormir, deitado de bruços, com a cabeça virada para a parede. Sem fazer barulho, o coronel colocou o ícone, o frasquinho com a água benta e a hóstia sobre a pequena mesa. Acendeu a lamparina e saiu com o carcereiro da cela, fazendo o sinal da cruz, sem acordar o preso.

III

Era quase meia-noite, quando o condenado finalmente acordou do seu prolongado desmaio. Com esforço, apoiou-se nos joelhos, estirou os membros dormentes, espreguiçando-se ainda sonolento, e começou a recordar o que havia ocorrido. Foi então que se deu conta da terrível realidade; seu corpo se arrepiou e seu coração bateu convulsivamente no peito.

Nesse instante, seu olhar perturbado deteve-se numa faixa de luz no chão que chamou curiosamente sua atenção. De onde viria aquela luz?

Ele virou a cabeça e ficou ainda mais supreso ao ver um ícone sobre a mesa e uma lamparina acesa, da qual emanava com tênue luz o semblante da Virgem Maria, entristecida e humilde.

Que milagre trouxera aquela imagem tão conhecida do seu coração e que nunca deixava o quarto de sua mãe? De sua mãe...

Subitamente, ela lhe apareceu, como se fosse real, e o fitava com desvelado amor.

A visão daquele ser humano mais próximo, mais querido de todos, desfez a barreira invisível entre ele e seu passado. Ressurgiram então as lembranças adormecidas de toda uma vida, de fatos ocorridos, esquecidos e quase apagados; mas todos ligados indelevelmente àquela imagem, da qual ele, embevecido, não conseguia desviar o olhar.

Desde sua primeira infância, aquele ícone desempenhara um papel determinante na sua vida. Ele se viu uma criança de cabelos encaracolados, que, de pijama, rezava ajoelhado na sua cama, repetindo as palavras da oração que a mãe lhe ensinara.

Numa Noite de Natal

Todos os seus desejos, tristezas e alegrias ele confessava à Virgem Maria, na certeza de que Ela ouviria as suas preces e os atenderia.

E como ele rezou, quando a mãe adoeceu com tifo e foi desenganada pelos médicos!!!... O seu restabelecimento foi atribuído a um milagre, e ele jamais teve dúvidas de que foi uma dádiva da Mãe Celestial, atendendo às suas súplicas de criança. Com a mesma fé pueril, ele confessou a Ela o seu imenso desejo de ganhar um trenó, que alguém depois colocou sob a árvore de Natal...

Os episódios de sua vida passavam voejando diante dos seus olhos atônitos, e as imagens se sobrepunham uma após a outra. Ele se viu à frente do mesmo ícone, rezando pelo sucesso na sua primeira prova, na escola, ou mesmo depois nas vésperas das grandes festas religiosas.

A atmosfera pura e tranquila daquela vida simples, em que ele havia crescido, se elevava em torno dele, como uma bruma: uma névoa benéfica que curava a sua alma enferma. Ele se lembrou, emocionado, da oração que todas as noites repetia junto com a mãe: "Permita-nos, Senhor, uma morte cristã, indolor, honrosa e digna de paz..."

Mais tarde, na universidade, ele já não rezava... e agora estava terminando a sua vida numa forca.

Respirando com dificuldade, olhou amedrontado para a parede, onde tinha visto as sinistras imagens, mas tudo ao redor permanecia escuro; a forca e as sombras aterrorizantes de suas vítimas haviam desaparecido. Um suspiro profundo irrompeu do seu peito, e ele sentiu uma pena cruciante daquele passado cheio de paz e tranquilidade, que, infelizmente, estava perdido naquele tempo distante e feliz.

Talvez sua antiga fé tenha sido apenas uma ilusão, mas uma ilusão benéfica, tal os momentos de felicidade, humildade, alegria e tranquilidade que ela lhe porporcionou.

O olhar confuso e hesitante do condenado dirigiu-se para a imagem de Nossa Senhora, mãe de Jesus, a confidente dos seus sonhos de criança. Tal como antes, os grandes olhos profundos e humildes da Padroeira de todos os aflitos o fitavam docemente. Mas um enorme abismo agora os separava: rios de sangue e nuvens sombrias e vingativas de suas vítimas. Nesse momento, ele não ousava estender a Ela aquelas mãos maculadas com tantos e hediondos crimes para implorar por socorro; e ainda havia se esquecido de como rezar. Contudo, uma força imperiosa e invisível o atraía para o círculo límpido e beatífico que envolvia o ícone.

Inesperadamente, desencadeou-se nele um desejo irresistível de pegar aquela imagem, apertá-la junto ao peito, e se confessar, como em seu tempo de criança.

Suando muito, com coração batendo forte e palpitante, ele arrastou-se de joelhos em direção à mesa. A luz da lamparina avolumou-se, cintilando, e rajadas de ar, tépida e aromática, tocavam o seu rosto e o refrescavam.

Ele estendeu as mãos trêmulas para o ícone, mas logo as abaixou. Como ousava tocar aquela imagem sagrada com suas mãos maculadas? Não, não! Indeciso e temeroso, como um ladrão, ele abriu o frasquinho, molhou a cabeça, o rosto e as mãos com a água benta, e bebeu o resto. Pareceu-lhe que algo pesado se desfez e o aliviou: um invólucro gélido de ódio e cinismo, que entorpecia a sua alma, descongelou-se, dando lugar a um calor brando e aprazível. Emoções e sentimentos do passado despertaram em seu peito.

Ele estremeceu, fez o sinal da cruz e tomou a hóstia sagrada. Com as mãos vacilantes, agarrou o ícone, apertando-o emocionado junto ao peito, e os seus lábios estremecidos, que haviam esquecido como orar, sussurraram fervorosos: "Pai Nosso, que estás nos céus..."

Lágrimas calmantes jorravam dos seus olhos, e irresistivelmente começaram a fluir confissões inconscientes de crimes e sacrilégios cometidos.

Quando a estranha confissão terminou, ele premeu os lábios no ícone da Padroeira Divina da sua infância e adolescência inocentes, repetindo com ansiedade e fé:

— Ó Mãe Santíssima, livrai-me do horror desta morte vergonhosa... e concedei-me uma morte na paz, abençoada pelo seu perdão!

Ele não suplicou por coisas materiais. Junto com a fé ressuscitada, brotou um desmedido sentimento de resignação, contrição e humildade, assim como uma impassível serenidade que substituiu o medo da morte. O abismo invisível já não o atemorizava mais; a sua alma planava para junto da sua Salvadora Celestial. Ela o ajudaria. Ela o salvaria! Mas de que jeito? Ele não sabia, nem importava, mas não duvidava de que receberia o seu amparo.

O êxtase de sua alma tornava-se mais ardoroso, e o excitamento aumentava... A Terra, a sua cela, aquela terrível palavra chamada de "amanhã", tudo se descongelou numa neblina esbranquiçada e recuou a uma distância parcamente enevoada. Uma corrente ígnea afluiu-lhe no cérebro, e o ícone da Virgem Maria se avolumou em uma luz radiante que saiu do caixilho. Como se fosse real, sobre uma nuvem alvinitente, Ela pairava soberana, colocando a Sua mão diáfana no seu coração. E pronunciou:

— Vai, meu filho, anunciar à sua mãe a salvação de sua alma como recompensa pela sua fé!

A luz se apagou, a visão resplandecente logo desapareceu, ele girou, como se estivesse acima de um abismo, e desmaiou.

☿ ☿ ☿

Numa velha e pequena igreja bem próxima ao presídio, uma senhora em trajes de luto prostava-se ajoelhada diante do ícone da Mãe Santíssima. Com as mãos cruzadas em prece, sem tirar os olhos da imagem, ela orava tão fervorosamente que sua alma parecia elevar-se da Terra, levando a sua súplica ao trono da eterna misericórdia.

De repente, uma rajada de vento soprou no seu rosto, e ela

estremeceu. Interrompendo a oração, observou, surpresa e amedrontada, uma névoa em tom acinzentado que se elevou a dois passos dela. Densificando-se num vulto humano, translúcido e ligeiro, a velha senhora reconheceu o seu filho.

Em seus olhos, voltados para ela, ardia o mesmo amor puro de outrora, e a voz tão conhecida, mas distante, lhe falou em tom carinhoso:

— Mamãe, estou livre! Eu me arrependi de todos os meus crimes e vou trabalhar salvando os meus irmãos da perdição, tão cegos como eu fui um dia. E tudo isso, graças à senhora. Obrigado, que Deus a abençoe!

— Pétia, meu filho! — gritou a pobre mãe e caiu desfalecida.

* * *

Quando na madrugada foram buscar o condenado para a execução, encontraram-no rígido no chão, apertando convulsivamente ao peito o ícone da Virgem Maria.

O médico constatou a morte por ataque do coração.

Setembro de 1923

5

O pacto

Tout s'explique dans ce monde que nous voyons
par un monde que nous ne voyons pas.[1]
DE MAISTRE

— Então, Martin Fedorovich, o senhor acha realmente que é possível evocar o Diabo? — perguntou uma jovem de vinte e dois anos, sorrindo maliciosamente, ao afastar um volumoso livro antigo, encadernado em couro, que acabara de folhear.

Seu interlocutor, um homem de meia-idade, magro e pálido, de cabelos longos e desgrenhados, olhou-a com ar ousado e, erguendo o dedo indicador, respondeu severamente:

— Se eu disse que sim, Tatiana Petrovna, então pode ter certeza de que é a mais absoluta verdade! Evocar o espírito do mal não é tão difícil assim, principalmente para quem estudou as leis que regem o mundo invisível e adquiriu poderes para comandar as criaturas que o habitam. Como minha discípula, a senhorita deveria estar ciente de que, para um mago, um rosacruciano como eu, isso não apresenta qualquer dificuldade.

— Eu quero muito conhecer os seus poderes. Que tal permitir que eu tenha um encontro com o Diabo? E o senhor, já o viu pessoalmente? — perguntou a jovem, com ar desconfiado.

— Sim, é claro! Mas isso não é nada em comparação com os fenômenos muito mais extraordinários que já testemunhei — revelou o mago, num tom autoconfiante. E, lastimoso, apontou para o próprio peito com o dedo indicador, ossudo e amarelado, acrescentando: — Este pobre e desconhecido cientista,

---

1 No mundo em que vemos, tudo se explica pelo mundo que não vemos.

não é outro senão o próprio Hermes[2] reencarnado. E acredite que, sob este invólucro carnal, se esconde um dos grandes sábios da Antiguidade, um dos hierofantes[3] mais poderosos da História da humanidade. E se a senhorita tiver coragem mesmo para marcar um encontro com o Diabo, eu posso orientá-la como fazê-lo.

A garota refletiu por alguns instantes e, sacudindo a linda cabeleira de cachos dourados, afirmou resoluta:

— Sim, eu sou bastante corajosa e vou lhe provar isso! Mas se o senhor realmente é a reencarnação de Hermes, deve saber a razão pela qual eu desejo evocar o príncipe das trevas.

O hierofante se levantou, colocou o dedo na testa, e pensou por instantes. Depois, inclinando-se para a jovem, murmurou com um sorriso irônico:

— A senhorita está apaixonada pelo conde Shebuev e sonha em se casar com ele, mas ele não a ama. Então, deseja recorrer aos feitiços de Satanás para escravizar o coração do conde Andrei. Este é o motivo pelo qual quer evocar o príncipe das trevas...

Tatiana Petrovna empalideceu sob o olhar penetrante daqueles olhos acinzentados e astutos. O mago, com o seu rosto fino e esquálido, desfigurado por um sorriso maquiavélico, pareceu-lhe naquele momento a personificação do próprio Diabo. Mas a sua hesitação não demorou muito tempo.

— É verdade, eu amo Andrei Konstantinovich e estou disposta a tudo para conquistar o seu amor — respondeu com firmeza —, já que todos os feitiços que o senhor me ensinou não surtiram resultado até agora. Apesar da poção de amor que coloquei no chocolate que o conde bebeu e do amuleto mágico que carrego comigo junto ao peito, ele continua indiferente a mim. Por isso quero chamar o espírito maligno. Se a sua

2 Hermes (latim: Hermes Trismegistus) - "O três vezes grande" é o nome dado pelos neoplatônicos, místicos e alquimistas, ao deus egípcio Toth (ou Tehuti), identificado com o deus grego Hermes. Ambos eram os deuses da escrita e da magia, nas respectivas culturas.

3 Hierofante (grego: hieros, sumo sacerdote) – Termo usado para designar os sacerdotes da alta hierarquia dos mistérios da Grécia e do Egito. É o sacerdote supremo, que pode ser chamado também de sumo sacerdote.

Numa Noite de Natal

intermediação for bem-sucedida e, se eu conseguir subjugar o coração do Andrei, então acredite, Martin Fedorovich, o senhor não se arrependerá!

O rosto magro do mago abriu-se num largo sorriso.

— Eu não duvido de sua magnânima generosidade, Tatiana, e prometo que a senhorita vai falar com ele. Para quando deseja esse encontro? Depois de amanhã é véspera do Ano Novo, e eu acredito que seja o momento mais adequado para isso.

— Depois de amanhã, está ótimo para mim! Avise-me onde e quando o senhor receberá o seu mestre.

Martin Fedorovich balançou a cabeça negativamente.

— Eu não, e sim a senhorita é quem irá recebê-lo pessoalmente, em seu *boudoir*. Depois de amanhã, eu vou lhe passar todas as orientações necessárias, e à meia-noite deverá evocá-lo — ele se levantou, inclinou-se, despedindo-se cerimonioso, e saiu.

Agora sozinha, Tatiana pôs-se a andar meditativa pelo luxuoso gabinete que lhe servia também como biblioteca.

O abajur clareava com diáfana luz rosa as várias prateleiras cheias de livros, os pesados reposteiros que cobriam as janelas e uma grande escrivaninha entalhada que, pelo tamanho e aparência, mais se assemelhava à mesa de um estudioso do que de uma menina.

Tatiana Petrovna Ermakova era uma jovem muito rica que havia ficado órfã ainda criança e crescido sob a tutela de duas tias solteironas. Anna, a mais idosa, era uma mulher de boa índole, honesta e caridosa; a mais nova, Glafira, geniosa por natureza, abraçou o ocultismo e o espiritualismo, induzindo a sobrinha ao mesmo caminho.

Foi ela quem apresentou Martin Kirkelin à família, um finlandês de nascimento, pobre, tido como mago, feiticeiro ou alquimista, cercado de mistérios, que morava de favor num quartinho, no quinto andar de uma das casas de Tatiana.

Glafira Pavlovna simpatizou-se com o feiticeiro desconhecido, que passou a viver sob sua proteção, socorrendo-o em todas as suas dificuldades e necessidades, deixando-lhe, inclusive, em testamento um pequeno capital.

Após a morte da tia, Tatiana continuou a manter o mesmo estilo de vida de suas educadoras: solitária e isolada. A única exceção era uma estreita amizade mantida com uma colega do internato, casada com um militar rico e bem posicionado na sociedade. Apesar de frequentar pouco os saraus e bailes, tão em voga para as jovens da época, foi na casa dela que conheceu Shebuev, primo dessa única amiga, e apaixonou-se por ele.

A frieza do conde Andrei, que se interessava por outra mulher, estimulou ainda mais a paixão de Tatiana. Sob a influência do ciúme, ela decidiu recorrer à ciência oculta para conquistar o coração dele.

Já que ela, em memória à tia, continuava a ajudar o alquimista, sempre carente de recursos financeiros, resolveu valer-se desse expediente em busca de ajuda, sem contudo revelar o seu segredo. Mas o astuto finlandês já tinha percebido o que se passava no coração de Tatiana.

Na véspera do Ano Novo, por volta das nove horas da noite, Kirkelin apareceu com uma grande caixa e um livro nas mãos. Ele estava mais pálido do que o habitual, embora sempre confiante.

— Antes de mais nada — disse o mago, sentando-se e abrindo a caixa —, vou lhe fornecer todas as instruções sobre como a senhorita deverá proceder. Depois, vou lhe entregar os objetos que vai precisar. A senhorita deverá estar vestida toda de branco; no quarto onde irá fazer a evocação, prepare uma mesa coberta com uma toalha preta. Tranque a porta à chave e coloque sobre a mesa este candelabro de sete braços, onde a irá acender as velas pretas. Em seguida, pegue estas três taças: uma será enchida com mel e as outras duas com vinho, organizando-as sobre a mesa, em forma de triângulo. De um lado, coloque um prato com arroz; do outro, coloque este pedaço de pergaminho e esta pena. Esta longa pena é de gavião, e o pergaminho foi feito de pele humana: os dois serão necessários, caso a senhorita queira firmar um contrato com o Diabo.

— Creia, senhor Martin, eu não tenho nenhuma intenção de vender minha alma! — balbuciou Tatiana, inquieta, com uma sensação de terror, olhando com nojo para o pergaminho.

— A senhorita é quem sabe! Converse com ele, exponha as suas condições, e ele exporá as dele, com toda certeza. Mas vamos retornar aos detalhes da evocação. Quando a mesa estiver arrumada, acenda esta vela — e entregou-lhe uma vela grossa de cera amarela. — Ela também foi feita de gordura humana; você sabe que este tipo de artigo é muito raro! Enquanto a vela estiver queimando, recite em voz alta e cadenciada as conjurações deste livro, que vão chamar o espírito maligno. Nesta trípode, acenda o carvão e, quando ele estiver em brasa, jogue pequenas pitadas deste pó no fogo. É preciso manter a fumaça enquanto ele não aparece. Então, Tatiana Petrovna, prepare-se para a noite: leia com concentração as conjurações, para depois pronunciá-las com bastante fluência. Até logo! Amanhã eu voltarei e a senhorita me contará os detalhes do encontro.

Com essas palavras, ele saiu, recomendando ainda que ela jejuasse até à meia-noite.

Depois que ele se retirou, Tatiana levou o livro e a caixa para o seu quarto e, após ter examinado todos os objetos, explodiu em sonoras gargalhadas.

— Ele está querendo zombar de mim, ou querendo me enganar? — murmurou. — Seja como for, estarei atenta. Parece que ele está querendo brincar comigo. Como conseguiu uma vela de gordura humana e este pergaminho, que ele julga tão raro?

Novamente rindo e, apesar do seu ceticismo, ela iniciou o trabalho de preparação.

Ordenando que a criada de quarto não a incomodasse, Tatiana vestiu um penhoar branco, trancou a porta dando duas voltas na chave e colocou-a sobre a escrivaninha, indo então arrumar a mesa conforme as instruções de Kirkelin.

Faltando exatamente um quarto para a meia-noite, ela

acendeu as velas do candelabro, apagou a luz e, pegando a vela de cera amarela, começou a recitar o texto indicado.

Apesar de ter iniciado as preparações, Tatiana tinha dificuldade em conter o riso, mas, à medida que recitava as conjurações do livro de feitiçaria, foi tomada por um medo involuntário.

A vela fumegante crepitava e exalava um odor putrefato no quarto. De repente, a sala tornou-se insuportavelmente fria e Tatiana tremeu... Um pavor supersticioso tomou conta da jovem, que não se atrevia a olhar nem para frente nem para trás, com medo de ver algo terrível.

As letras do livro de feitiçaria de repente saltaram e fundiram-se diante de seus olhos atônitos; seus dentes tiritavam como se ela estivesse com febre; os dedos estavam tão trêmulos que eram quase incapazes de segurar a vela acesa.

Aterrorizada, ela estava pronta para largar tudo e fugir em desabalada correria, sem olhar para trás, mas um peso sinistro a manteve presa ao chão.

Naquele momento, o pequeno relógio sobre a lareira soou meia-noite. Mal a última badalada ainda não havia se extinguido no ar, e junto à porta ouviu-se um ruído. Tatiana teve a nítida sensação de que a porta havia aberto e fechado imediatamente. Paralizada de medo, ela fechou os olhos.

— O que vou fazer se realmente eu abrir os olhos e me deparar com o príncipe do Inferno... negro, peludo, com pés tortos e chifres na cabeça?... Não, não, antes eu vou morrer de susto.

Tudo estava silencioso... Ela abriu os olhos vagarosamente e todos os seus temores desapareceram.

Junto à porta, encontrava-se um homem jovem, com cerca de trinta anos, alto e esbelto, elegantemente trajado de fraque e gravata branca. Seu lívido rosto era de uma beleza sombria e os olhos negros ostentavam um brilho metálico. Nas mãos, usava luvas brancas, e em uma delas segurava a corrente de um relógio de bolso.

"Graças a Deus", pensou Tatiana. "De um diabo como este, eu não tenho medo. Que miserável este Kirkelin! Decidiu brincar comigo e me mandou um dos seus amigos".

Um sorriso enigmático franziu o rosto do desconhecido.

Curvando-se numa reverência subalterna, ele aproximou-se da mesa. Temerosa, Tatiana recuou um passo.

— A senhorita me chamou? Estou disponível para servi-la. O que deseja de mim? — perguntou ele.

Aquela inflexão de voz rouca, que parecia soar de longe, impressionou Tatiana de forma repulsiva. Mas ela acreditou que tudo o que estava acontecendo era apenas uma brincadeira de Martin, que queria testar a sua coragem.

— Se o senhor é aquele que eu evoquei, deve estar ciente do que eu quero — respondeu, tentando aparentar segurança na voz.

— É claro que sei! A senhorita quer se casar com o conde Shebuev. O seu desejo é fácil de ser realizado. Dê uma olhada neste anel — e ele retirou do dedo um anel liso e maciço. — Se, no baile de sua amiga, a senhorita conseguir colocá-lo no dedo do conde, dentro de seis semanas se tornará sua esposa.

Tatiana estendeu a mão para pegar o anel, mas o desconhecido baixou o braço, meneando a cabeça, e deu um sorriso diabólico que a fez estremecer.

— Primeiro, vamos beber em homenagem à nossa aliança!

E, ofertando uma das taças a Tatiana, que ela sorveu maquinalmente, ele esvaziou a outra taça também.

— Agora, caso a senhorita aceite as minhas condições, terá de assinar um contrato. Eu lhe dou este anel, e junto com ele o coração do conde; em troca, a senhorita me concederá uma hora de sua vida, cujo momento propício eu mesmo escolherei — determinou o desconhecido, fitando Tatiana com um olhar dominador e ardoroso.

— Uma hora de minha vida? Só isso? Claro que eu aceito! — respondeu Tatiana, cada vez mais convencida de que toda aquela encenação era uma comédia arquitetada por Kirkelin.

— Basta algumas gotas do seu sangue e o nosso contrato estará formalizado — disse o interlocutor, com cortesia.

Ele então foi ao banheiro, pegou um canivete com cabo de tartaruga, levantou a larga manga do penhoar dela e inclinou-se para alcançar a sua mão. Seu contato com a pele sedosa de Tatiana acabou por queimá-la, e algumas gotas de sangue logo surgiram.

— Assine! — ordenou ele, entregando-lhe a pena e o pergaminho, que, para surpresa da jovem, já estava prenchido com algo escrito, embora anteriormente ela pudesse jurar que o pergaminho estava em branco.

Tatiana assinou sem qualquer contestação, mas, ao lhe entregar o contrato, não aguentou e deu uma gargalhada. Nesse momento, os olhos de ambos se cruzaram e aquela satisfação sinistra no olhar zombeteiro do desconhecido fez a jovem empalidecer.

Sem incomodar-se com o constrangimento dela, o desconhecido dobrou o pergaminho, guardou-o no bolso do colete, e colocou o anel sobre a mesa.

— Receba meus cumprimentos, senhorita! — e curvou-se reverentemente, desaparecendo por trás da cortina da porta, como num truque de ilusionismo.

Tatiana correu para a porta, mas ela permanecia trancada e a chave ainda estava sobre a escrivaninha, onde ela mesma havia colocado.

— Este Kirkelin! Conseguiu até uma cópia da chave do meu quarto! — sussurou.

E começou a examinar o anel que ele havia deixado sobre a mesa: maciço, como se fosse fundido em diversos tipos de metal.

— Duvido muito que vais conquistar o coração inflexível de Andrei! Ai de mim! Não foi o demônio que te trouxe — disse suspirando, enquando guardava o anel.

Após retirar todos os objetos da evocação, Tatiana abriu a porta e chamou a criada de quarto. Enquanto estava sendo penteada por ela, ao preparar-se para dormir, tentava sondar quais amigos de Kirkelin a criada havia permitido que entrasse em sua casa. Mas logo concluiu que Dunia, empregada de confiança que já trabalhava com ela havia mais de quatro anos, não tinha participado daquela trama bem articulada.

— Bem, provavelmente outro criado da casa o tenha apoiado nessa brincadeira — concluiu.

Chegando bem cedo no dia seguinte, Kirkelin passou a questionar Tatiana, com curiosidade, sobre a experiência da noite anterior.

— Oh! Sim, sim! Seu amigo esteve aqui e representou brilhantemente o papel do Diabo — disse Tatiana, soltando uma risadinha debochada. — E que homem gentil, elegante e altruísta, apesar de praticamente ter me obrigado a assinar um contrato, seguindo as tradições infernais — comentou ela, com uma risada.

Kirkelin, que ouvia atentamente, balançou a cabeça negativamente, com ar de preocupação.

— A senhorita não devia estar rindo, Tatiana Petrovna. Estou convencido de que realmente esteve com o Diabo; ter se comprometido a lhe dar uma hora de sua vida não foi a melhor opção. Os habitantes do mundo invisível são os credores mais inflexíveis — concluiu.

— Martin Fedorovich, pare de brincar comigo! Quem vai acreditar que o Diabo veio me visitar, elegantemente trajado num fraque e gravata branca? Seja como for, eu não tenho medo dele e não lamento por ter feito uma promessa inocente de conversar, durante uma hora de minha vida, com um demônio tão lindo e cortês — disse ela, explodindo numa cristalina risada, ainda mais alta.

— Tatiana Petrovna, depois de estudarmos ocultismo por tanto tempo, a sua ingenuidade e imprudência me assombram. Agora, se o feitiço do anel obtiver sucesso, espero que a senhorita venha a refletir com mais seriedade sobre este assunto.

Apesar de sua descrença, Tatiana queria experimentar o

poder do anel. O desejo de rever o conde levou a jovem a aceitar o convite para um baile à fantasia na mansão de uma amiga.

Na noite da festa, ela vestia um lindo traje de feiticeira; estava inquieta e dividida entre a esperança e a dúvida; mas, ainda assim, aproximou-se do conde e começou a envolvê-lo com uma conversa divertida, quando Andrei Konstantinovich disse brincando:

— Ah! Belle magicienne, si tu possedais un talisman pour me guérir de mon intolerable migraine, je me prosternerai devant ton pouvoir.[4]

Ela então entregou-lhe o anel, e disse sorridente:

— Passe à ton doigt anneau que voici et tout ton mal disparaître.[5]

Cerca de uma hora depois, o conde anunciou que estava curado. Interessado e fascinado por Tatiana, durante o resto da noite ele não se afastou dela; e finalmente afirmou que se sentiria feliz em poder ficar com o seu anel mágico por alguns dias, como um remédio para a enxaqueca, além da lembrança de uma noite maravilhosa.

Tatiana não cabia em si de felicidade ao ouvir aquelas palavras que tanto sonhou, e retornou para casa alegre e triunfante. Mas quando, no silêncio da noite, ela serenamente analisou a mudança de comportamento e os sentimentos de Andrei, seu coração se comprimiu aflito. O poder do anel era evidente, e, nesse caso, a promessa firmada com o visitante misterioso tinha sido uma grande imprudência. "Ah, não!", tentava tranquilizar-se, "tudo isso é uma tolice. O desconhecido elegante da véspera do Ano Novo não pode ser o Diabo".

Alguns dias depois, Shebuev pediu permissão para apresentar-se à tia de Tatiana, e, após três semanas de intensa corte, fez a proposta de casamento. A jovem estava em êxtase, absorvida pela agitação dos preparativos das bodas, e quase se esqueceu de como havia atingido o seu objetivo. Kirkelin, que

---

4 Ah! Bela feiticeira, se você possui um talismã para me curar da minha dor de cabeça insuportável, eu me prostraria diante de seu poder.
5 Coloque este anel no dedo e todos os seus males desaparecerão.

fora cumprimentá-la, lembrou-a sobre isso.

— E então? A senhorita ainda tem dúvidas quanto à identidade daquele que lhe deu o anel e compreende agora a insensatez de sua promessa? — perguntou.

Tentando desfazer a impressão desagradável que lhe causou as palavras do mago, ela riu e mudou o assunto; mas quando ele se despediu, a condessa lhe ofereceu uma boa soma em dinheiro como subsídio para futuros experimentos alquímicos.

A partir daquele dia, a condessa foi tomada por uma estranha inquietude e uma apreensão sombria: sua alma ansiava por auxílio e consolação. Foi quando ela recebeu uma carta da madrinha, cuja mensagem lhe inspirou a fazer uma peregrinação para pedir a bênção aos santos, antes de seu casamento.

A madrinha de Tatiana era a melhor amiga de sua mãe. Mas um infortúnio causado por uma epidemia arrebatou de uma só vez a vida de seu marido e do único filho. Após essa tragédia, ela renunciou ao mundo e ao convívio social, tomando o hábito de freira; e no decorrer de mais de vinte anos, levava uma rigorosa vida reclusa e ascética.

No mosteiro onde desfrutava de grande respeito, era cercada de uma admiração especial aos olhos dos paroquianos e das outras freiras, pois madre Irineia tinha o dom da clarividência, muitas vezes comprovado na prática. Muito devotada à sua afilhada, que amava como a uma filha, ela expressou na carta o desejo de abraçá-la e abençoá-la pela nova vida. Decidindo satisfazer o desejo de sua madrinha, Tatiana resolveu visitar o "Mosteiro da Santíssima Trindade de Serguei".[6]

Ela sentiu uma sensação de paz de espírito quando entrou na cela da madre. Beijando com carinho a testa de sua afiliada, Irineia estremeceu e recuou.

— Tânia, Tânia! Infeliz! Qual é a sua ligação com o Diabo? Ele paira sobre você como uma nuvem negra.

---

6 Mosteiro Troitse-Sérguievo, fundado no século XIV por Seguei Radonejsky, considerado o lar espiritual da Igreja Ortodoxa Russa.

Atemorizada, Tatiana contou detalhadamente sobre a sua inconsequente aventura na véspera do Ano Novo.

A freira a ouviu aturdida e, após Tatiana silenciar, fez o sinal da cruz.

— A única coisa que eu posso fazer para salvá-la é orar fervorosamente ao Senhor. Espero que Ele ouça as minhas preces e que a liberte piedosamente da perdição. Fique com este crucifixo abençoado com as santas relíquias, e não se esqueça de colocá-lo no dia do seu casamento.

Tatiana regressou a São Petersburgo mais aliviada.

Com a indolência própria da juventude, a jovem encarava o iminente perigo que a rondava como um simples acaso, um acontecimento fortuito, e deixou de pensar "naquela tola comédia" assim que se deparou com o olhar ardente e apaixonado do noivo.

Após a pomposa cerimônia, o jovem casal foi residir na mansão do conde, na Marginal Inglesa.

Retornando da igreja, Tatiana tirou o pesado vestido de noiva com a ajuda de sua criada de quarto e vestiu um leve penhoar. A camareira começou a penteá-la para dormir, enquando ela conversava animada com o conde, que havia se sentado ao seu lado. Sem despregar os olhos de sua maravilhosa cabeleira e do lindo rosto feliz de sua esposa, conversavam sobre amenidades e acontecimentos do dia.

Levantando-se para pegar um lenço que estava na mesinha de cabeceira, Tatiana avistou uma jarra com água numa bandeja de prata, e atormentada pela sede foi servir-se de um copo. Antes mesmo de levá-lo aos lábios, ela ouviu atrás de si um profundo suspiro.

Voltando-se rapidamente, congelou de pavor. Sem dizer uma só palavra, encostou-se à mesa sem tirar os olhos do marido. O conde estava prostrado no sofá, com os olhos fechados, e respirava com dificuldade, pálido como a morte. Atrás dele, com as mãos estendidas sobre o conde e o olhar penetrante voltado para ele, estava o mesmo homem vestido de fraque e gravata — mago, espírito ou o próprio Satanás — que visitara a condessa na véspera do Ano Novo.

Tatiana, que conhecia a hipnose e o ocultismo, logo percebeu que o marido estava em estado cataléptico. "Mas como é que este desconhecido entrou aqui? Com que finalidade, e numa hora tão impópria?", pensou.

Um suor frio gotejou do seu rosto, ainda que ela se recusasse a acreditar que na sua frente estava o Diabo.

Instintivamente, a jovem apalpou, desesperada, por entre a cascata de rendas que decoravam o seu penhoar, buscando a cruz abençoada, e a pegou da corrente, apertando-a ardentemente junto ao peito.

O tenebroso desconhecido baixou as mãos e, com um passo firme, dirigiu-se a Tatiana. Com um sorriso maligno e lascivo, ele a fitou, como na vez anterior, paralizando-a de horror. E tirando do bolso do colete um pergaminho dobrado, inclinou-se e disse:

— Senhora, eu cumpri a minha promessa, tornando-a esposa do conde Andrei. Agora é sua vez de honrar o contrato, sobre o qual eu concordei em ajudá-la. A senhora me prometeu uma hora de sua vida. Eu vim para levá-la!

Aterrorizada, a condessa ajoelhou-se e murmurou trêmula:

— Tenha piedade!

O desconhecido curvou-se, e seu olhar abrasado e selvagem rasgou o coração de Tatiana como uma adaga.

— Piedade? — perguntou. — O que significa esta palavra? Eu não a compreendo. Acho que a senhora é uma ingrata, pois uma hora de amor que concederá a mim é uma taxa bem modesta em relação a toda uma vida de felicidade e paixão que irá desfrutar, graças a minha ajuda.

E estendeu a mão branca como cera, com as unhas azuladas, mas, antes de conseguir tocar a jovem, deu um salto para trás, como se tivesse sido picado. Seu rosto se contorceu, num espasmo desfigurado, e um odor pútrido espalhou-se pelo quarto.

— Mentirosa! Traidora! Largue isso que está na sua mão ou eu vou lhe estrangular! — sussurrou ele, agachado, preparando-se para atacar como um animal.

Sua fisionomia era horripilante. Um sorriso de escárnio diabólico desfigurava a sua boca, mostrando os dentes brancos e afiados. Suas mãos nodosas apalpavam o ar, como se estivesse estrangulando um inimigo invisível.

Nesse momento aterrorizante, uma súbita determinação vicejou na alma da condessa. Ela ergueu a cruz e, com a voz estremecida de emoção, disse:

— Em nome de Deus Todo-Poderoso e de Jesus Cristo, nosso Salvador, afaste-se de mim, Satanás!

Um grito medonho, misto de urro e grunido, escapou do peito do demônio.

Seu rosto contorceu-se numa convulsão, ficou esverdeado e tomou a aparência de um cadáver já em decomposição; seus olhos refletiam um ódio infernal. E, contorcendo-se como uma serpente, ele rastejou no tapete até a janela.

Um minuto depois, o conde recuperou os sentidos, sem a menor ideia de que estivera num estado cataléptico. Ao ver a esposa de joelhos, com um olhar alucinado, socorreu-a preocupado:

— Tânia, o que aconteceu com você?

Involuntariamente, Tatiana estendeu os braços para ele, mas o conde não teve tempo de ampará-la, e a jovem desabou inconsciente sobre o tapete.

Quando a condessa voltou a si, o marido começou a lhe questionar sobre a razão de seu desmaio, mas Tatiana conseguiu dissimular o seu embaraço e não se atreveu a revelar a verdade. Ela atribuiu o seu súbito desfalecimento a uma horrível alucinação, que provavelmente ocorrera em razão das fortes emoções daquele dia.

Ao compartilhar aquela terrível experiência com Martin Fedorovich, pediu-lhe ajuda e conselho. Mas o hierofante, sacudindo a cabeça respondeu:

— Eu lhe avisei, Tatiana Petrovna! A senhora se arriscou num jogo muito perigoso! Eu não sei o que lhe aconselhar, ainda mais agora que cometeu a imprudência de desafiar o seu terrível credor.

Tatiana estava abatida, extenuada, e durante um mês sofreu um colapso nervoso, com medo de ficar sozinha no quarto, à noite. Mas com o passar dos dias, pouco a pouco, foi se acalmando.

O dedicado amor do conde e a vida social ativa afastaram de sua mente aquela noite terrível. Como o desconhecido não reapareceu mais, ela se convenceu de que a bênção da cruz e as orações da madrinha haviam expulsado o espírito maligno para sempre.

Dois anos se passaram.

Tatiana estava feliz. E essa felicidade se completou quando, três meses antes, deu à luz um lindo menino, que ela e o marido amavam ardorosamente. Tatiana assumia pessoalmente as novas atribuições de mãe e quase não saía de casa. E somente com muita dificuldade o conde conseguia convencê-la a visitar os familiares e amigos do casal.

Certa noite, quando ela foi se vestir, percebeu que a criança estava muito inquieta e, apesar dos protestos do conde justificando que os seus receios nada mais eram do que o fruto de sua imaginação, a condessa se recusou a sair. O conde saiu sozinho e a jovem mãe sentou-se ao lado do berço.

Uma estranha sensação de medo e uma inexplicável fraqueza apoderou-se dela.

A criança estava cada vez mais inquieta e gemia baixinho. Alarmada, a condessa pediu à babá que fosse chamar o médico da família e curvou-se sobre o berço, para pegar em seus braços o filho que chorava.

Naquele momento, viu uma mão transparente como cera apoiando-se na borda do berço. Como se tivesse sido picada por um ferrão, Tatiana se virou e deu de cara com o seu impiedoso credor.

Sob a influência daquele olhar nefasto, ela estremeceu.

— A condessa não é uma fiel cumpridora de seus compromissos — afirmou ele, com voz abafada. — Mas eu sou paciente e posso conseguir o que me pertence por direito.

Ao notar que Tatiana se afastava, ele sorriu sarcástico, e continuou:

— Que repugnância injusta para com o seu benfeitor! Ainda assim, eu lhe proponho uma escolha: ou eu, ou a vida do seu filho! Hoje eu estou armado contra a condessa.

Alucinada de terror, Tatiana abraçou fortemente a criança junto ao peito, que gemia de dor.

— Demônio dos infernos! Não se atreva a tocar em mim na presença deste bebê inocente! Ele vai me proteger como um anjo.

O fantasma soltou uma sonora e selvagem gargalhada, fitando-a com um olhar tão cruel e ameaçador que ela se sentiu paralizada.

— Largue esta criança ou ela vai morrer! — sussurrou de novo. — Se recusar-se a cumprir os termos do contrato que assumiu voluntariamente comigo, seu filho é quem vai pagar.

Aterrorizada, Tatiana não conseguiu pronunciar uma só palavra, somente apertou convulsivamente o filho ao peito. Seu implacável credor, alheio ao desespero da mãe, curvou-se sobre ela e, abraçando-a, sussurrou:

— Cuidado! Se me rejeitar novamente, vai pagar caro por este perjúrio; tudo que mais ama vai sucumbir!

Com indizível repugnância, ela sentiu o toque daqueles dedos frios e olhou com verdadeiro horror para o tenebroso rosto de seu algoz. Tentava orar, mas seus pensamentos, assim como seu corpo, estáticos de medo, se recusavam a obedecê-la.

De súbito, entre ela e o desconhecido, surgiu uma nuvem branca de fumaça, com forte cheiro de incenso, que invadiu o quarto. Tatiana suspirou aliviada, ao perceber a babá retornando.

— Antonina! — gritou a condessa com uma voz desvairada...

Ouviu-se uma surda blasfêmia, os braços gélidos se desa-

Numa Noite de Natal

taram e Tatiana caiu inconsciente no tapete, como um fardo.

A babá, a quem o fantasma era invisível, correu assustada para prestar auxílio, sem entender o que havia acontecido com sua senhora e qual a razão de seus gritos desesperados.

Com a ajuda da camareira, Antonina conseguiu, a muito custo, tirar a criança, já azulada, que sufocava nos braços apertados da mãe. Mas era tarde demais; poucos minutos depois, após leves estremecimentos, a criança estava morta.

Tatiana não voltava a si, e o seu prolongado desmaio foi substituído por uma grave febre nervosa.

O medo de perder a esposa adorada, que durante vários dias estivera entre a vida e a morte, sustentou o conde em sua dor inconsolável com a morte do seu primogênito.

Todos se perguntavam sobre a real causa daquele trágico acontecimento. Somente Andrei Konstantinovich suspeitava de que a esposa provavelmente havia tido outra alucinação, pois durante os dias e noites de delírio ela não parava de falar no Diabo, e se debatia tentando afastar com os braços alguma criatura invisível, implorando-lhe que não matasse o filho.

A condessa se recuperava muito lentamente do seu aterrorizante choque, lamentando-se amargamente a perda do filho e arrependendo-se da insensatez com a qual havia acionado a intervenção das forças ocultas. Apesar dos pensamentos sombrios que a oprimiam, nem dessa vez ela revelou a verdade ao marido.

A cidade de São Petersburgo, com sua rotina movimentada e mundana, tornou-se insuportável para ela. Então, no início da primavera, o conde levou a esposa para sua propriedade na província de Volyn.

O ar revigorante do campo e a vida bucólica e tranquila gradualmente restautaram a saúde da condessa. Ela readquiriu o seu equilíbrio emocional e começou a olhar sem medo para o futuro. Mas a simples ideia de retornar para a capital causava-lhe pavor e um certo descontrole, tanto que acabou confessando ao marido que ficaria muito feliz em passar o inverno na aldeia.

O conde concordou com o pedido da esposa, satisfeito, pois era um inveterado caçador e amava a vida no campo. Aproveitaria a longa estada para realizar melhorias na propriedade, que iriam exigir sua presença constante.

No início do outono, Tatiana Petrovna, ao visitar os vizinhos mais próximos, estreitou laços de amizade com a esposa de um fazendeiro. Na casa de sua nova amiga, Tatiana foi apresentada à sua tia, uma senhora idosa em traje de luto que também havia perdido seu único filho.

Após algumas semanas de convivência juntas, ela e Loginova acabaram se tornando íntimas, pois a fatalidade e o drama que lhes eram comuns acabaram por estreitar a amizade das duas mulheres.

Tatiana não tinha coragem de responder abertamente as perguntas da velha senhora sobre os detalhes da doença e da morte de seu filho. Apenas revelou, vagamente, que era sujeita a alucinações aterrorizantes, como consequência do estudo do ocultismo, e que essas atividades perturbaram completamente os seus nervos.

A velha senhora quedou-se triste e pensativa, e avaliou com reprovação:

— Eu não entendo a paixão de nossa juventude em conhecer essa ciência maldita, que acaba por assassinar os seus adeptos. Esse ocultismo, considerado como "ciência antiga", e suas sórdidas experiências impuras de magia, é que mataram o meu Boris. Ele era bonito, educado e rico; tinha tudo na vida, até o dia em que conheceu um mago, em Paris, que o envolveu em um estreito círculo de adeptos que estudavam as "ciências ocultas" para aprender a prática da magia e procurar a Pedra Filosofal.

A partir de então, perdi meu filho Boris. Depois de seu retorno do exterior, ele mudou radicalmente, passando os dias e as noites trancado no quarto, fazendo experimentos suspeitos. Eu ficava muito apreensiva com o excesso de tempo que ele dedicava ao estudo do ocultismo. Várias vezes cheguei a implorá-lo que voltasse a ter uma vida normal, e que se casasse. Mas ele respondia, dando risada, que só faria uma aliança na Terra, quando conseguisse alcançar todos os mistérios do Além.

Passaram-se três anos, depois daquele jantar em que, muito feliz, ele me informou que naquela noite iria fazer uma experiência muito interessante. No dia seguinte, Boris foi encontrado morto no seu escritório. Os médicos atestaram que a morte fora causada por paralisia cerebral, mas eu tenho certeza de que foi provocada por alguma trama diabólica — concluiu, enxugando às lágrimas.

Alguns dias antes do Natal, apesar dos pedidos de sua sobrinha, a senhora Loginova decidiu voltar para casa.

— Remoendo na memória, diariamente, os últimos dias do meu infortunado filho, não consigo me sentir feliz na casa de minha sobrinha, onde tudo é diversão e alegria. Ainda mais agora que os vizinhos e parentes vão se reunir aqui para as festas — disse ela à condessa, que estava muito aflita com a sua partida.

Continuando, completou:

— Querida Tatiana Petrovna, eu sentiria um grande prazer em comemorarmos juntas as festas natalinas. Sei que você, em sua dor, também evita a sociedade; então vamos passar essa época juntas. Até minha propriedade, são umas vinte milhas. Creio que o conde também não ficará entediado, pois para agradá-lo eu organizarei uma grande caçada.

Tatiana ficou animada e prometeu aceitar o carinhoso convite, após falar com o marido. Seu delicado estado de saúde não lhe permitia participar de ruidosas festas na sociedade.

O conde ficou atraído com a caçada, bem como com a notícia de que na biblioteca do falecido marido da senhora Loginova haviam livros e anotações inéditas e raras sobre a guerra de 1812.[7]

Na véspera do Natal, por volta das cinco horas da tarde,

---

7 Conhecida por "Campanha da Rússia", essa guerra foi uma gigantesca e desastrosa operação militar realizada pelos franceses sob o comando de Napoleão Bonaparte, em 1812, e teve grande impacto sobre o desenrolar das chamadas Guerras Napoleônicas, marcando o início do declínio do Primeiro Império Francês.

chegaram o conde e a esposa, sendo recepcionados calorosamente, de braços abertos, pela senhora Loginova. Contrariamente às expectativas, a noite foi muito animada. Depois do jantar, o conde sentou-se para jogar uma partida de xadrez com o irmão da anfitriã, um militar graduado e aposentado, enquanto as senhoras conversavam amenidades. No entanto, a partida de xadrez estendeu-se demais e Tatiana, sentindo-se cansada, pediu permissão para se recolher.

A condessa se despediu delicadamente e foi para o quarto, onde a camareira a esperava para se trocar, informando que dormiria no quarto ao lado. Caso a condessa necessitasse de seus préstimos, era só tocar a campainha que ficava na cabeceira da cama.

Tatiana deitou-se tranquilamente, mas não conseguiu conciliar o sono. Então, começou a observar a decoração do quarto, fracamente iluminado por uma lâmpada de teto. Casualmente, sua atenção recaiu sobre um quadro pendurado na frente da cama. Retratava um elegante jovem em trajes de caçador. Contudo, como o quarto estava na penumbra, ela não pôde discernir com precisão os traços do seu rosto. Enquanto ela observava, seus olhos foram se acostumando à pouca luminosidade do quarto e os detalhes e os traços faciais definiam-se cada vez mais claramente.

Onde ela teria visto aquele sorriso zombeteiro nos lábios e os olhos negros meditativos?... O rosto do retrato era parecido com o belo rosto do visitante misterioso da véspera do Ano Novo, e, ao mesmo tempo, lembrava a aparência repugnante da criatura cruel e desumana que lhe tirara a vida do filho.

Suprimindo um grito de terror, a condessa fechou os olhos, levantou-se e começou a procurar a campainha com a mão trêmula. Ela não queria mais permanecer naquele quarto. Não conseguia entender o que aquele retrato estava fazendo ali.

No mesmo instante, quando sua mão trêmula ia apertar a campainha, ela sentiu, através do fino linho do penhoar, a mão gelada de alguém que imobilizou o seu braço e a impediu de tocá-la. Era aquele fantasma, aquela terrível criatura que ela chamara, inadvertidamente, das profundezas do Inferno.

Tatiana ficou paralizada de terror; sua respiração sustou e seu coração começou a bater tão forte, que parecia estar prestes a explodir a qualquer momento.

— Saudações, minha bela e rebelde devedora! — disse o fantasma, inclinando para ela seu pálido rosto, iluminado por um sorriso diabólico. — Então prefere saldar sua dívida comigo, no meu próprio lar? Só que desta vez vai pagar com a vida; vai me dar a última gota do seu sangue...

Com uma das mãos, ele segurou, como tenazes, as mãos de Tatiana, e com a outra empurrou a cabeça dela para trás. A condessa sentiu nos lábios o beijo glacial de seu inimigo. Ela queria gritar e lutar, mas não conseguia, percebendo que estava impotente nas garras daquele meio homem, meio demônio.

Seu sofrimento era indescritível. Parecia-lhe que a vida se esvaía; um frio mortal apoderava-se lentamente do seu corpo e ela sentia que estava desfalecendo. Diante dos seus olhos nublados, cintilavam faíscas multicoloridas, e o peito doía indizivelmente.

— Ó meu Senhor Jesus Cristo, reecebe o meu espírito! — essas palavras abençoadas brilharam como um relâmpago na consciência da condessa.

Nesse momento, os dedos gélidos que a asfixiavam se afrouxaram e, de algum lugar longínquo, ouviu-se o badalar de sinos e uma luz resplandecente invadiu o quarto.

Tatiana então divisou a igreja do Monastério entre os raios de luz ofuscantes, repleta de freiras genuflexas, a entoar o hino de glória dos anjos, saudando o nascimento do Salvador: "Glória a Deus nas alturas e paz na Terra aos homens de boa vontade"...

Separando-se daquele grupo de freiras, madre Irineia, envolta em luz radiante, dirigiu-se a Tatiana. À medida que ela se aproximava, o quarto e todos os objetos ficaram resplandecentes, e já se podia enxergar claramente tanto o retrato, quanto a criatura horripilante que se contorcia e sibilava feito serpente sobre o tapete, cujos traços humanos iam-se desfazendo.

Ostentando a cruz abençoada no braço erguido, e orando em voz alta, fervorosamente, a aproximação de Irineia fazia o Diabo afastar-se de Tatiana; e após colocar a mão sobre a cabeça de sua afilhadada, pronunciou:

— Tire do caixão o contrato diabólico e queime-o, e os laços que a uniram ao espírito maligno se romperão para sempre! Ele jamais tornará a conspurcar a sua paz.

Atordoada com aquela alucinação, a condessa ainda conseguiu ver o seu credor entrando no retrato e desaparecendo... Tatiana não se lembrou de mais nada...

Após terminar a partida de xadrez, o conde pensou em dormir e, ao entrar no quarto, encontrou a esposa desfalecida. Apavorado, ele gritou pedindo socorro. Após quase uma hora de esforços, Shubuev conseguiu reanimar a esposa.

Seus olhos desvairados percorriam o quarto e as pessoas ao seu redor, e o seu corpo foi sacudido por um tremor convulsivo. Apontando para o retrato, ela gritou com voz desesperada:

— É ele, é aquele monstro terrível! No seu túmulo está o contrato que eu assinei. É preciso tirá-lo de lá!

O conde empalideceu e, num primeiro momento, imaginou que a esposa tinha enlouquecido. Ele tentou de tudo para tranquilizá-la, mas a presença do retrato, obviamente, transtornava Tatiana, de modo que a trocaram de quarto. Só então, pouco a pouco, ela se acalmou e sua síncope nervosa cedeu lugar às lágrimas.

Após esse incidente, Tatiana não podia mais esconder a verdade. Quando seu marido inclinou-se sobre ela, compadecido, ao sentir o seu olhar apaixonado e ansioso, ela o abraçou convulsivamente e com voz embargada contou-lhe a sinistra aventura, justificando ter silenciado sobre os fatos porque temia perder o seu amor e suscitar o seu desprezo.

Quando Shubuev ouviu a impressionante revelação, sentimentos de incredulidade, assombro e compaixão tomaram

Numa Noite de Natal

posse dele. Em nenhum momento pensou em condenar Tatiana porque amava a esposa com paixão e, por outro lado, era muito cético para acreditar numa intervenção diabólica. Entretanto, a excitação nervosa, o sofrimento e a palidez doentia de Tatiana deixavam-no muito apreensivo.

— Mas como? Como você foi capaz de imaginar que eu a condenaria por me amar tanto assim? Você já foi suficientemente castigada pelas alucinações terríveis que vivenciou! — respondeu Andrei, beijando-a carinhosamente. — Para tranquilizá-la, meu amor, eu vou procurar o contrato no túmulo, e quando o encontrar vamos queimá-lo juntos para que entre nós não exista nenhum elo diabólico; somente o amor e a bênção de Deus! Entretanto, para abrir o caixão, precisamos da permissão da senhora Loginova, porque o retrato do demônio é o retrato do seu filho.

— Andrei, eu mesma vou contar para ela, pelo menos uma parte daquilo que eu lhe disse, e tenho certeza que ela não recusará o meu pedido; nem que eu tenha que implorar de joelhos. Eu vou morrer se esse maldito contrato não for encontrado.

— Minha querida, faça como achar melhor. Eu só quero que você recupere a saúde e a paz de espírito. Agora vou pedir à criada para chamar nossa anfitriã.

Loginova entrou no quarto pálida e perturbada. Em meio a copiosas lágrimas, Tatiana iniciou a narrativa da sua isensata aventura, revelando os pormenores dos acontecimentos, com a intenção de validar a sua pretensão de abrir o túmulo e retirar o contrato. À medida que Tatiana minuciava os fatos, a velha senhora baixava a cabeça e aparentava estar, a cada relato, mais abalada.

Então reinou um pesado silêncio no quarto.

A senhora Loginova se levantou, enxugou as abundantes lágrimas, e respondeu quase sussurando:

— Minha querida filha, sua história deveria parecer inverossímil, mas algumas circunstâncias que até agora eram inexplicáveis para mim, com todos os acontecimentos e detalhes que me contou, tornaram-se claras. Elas me provam que a alma do meu infeliz filho foi vítima das forças infernais que lhe inspiraram desejos impuros e criminosos.

Ela se calou por um momento, aparentemente tentando concatenar os fatos, e continuou, com voz mais consistente:

— Em primeiro lugar, Tatiana Petrovna, eu posso lhe afirmar que Boris tinha um anel muito parecido com o seu, e somente agora estou me lembrando de que quando ele foi enterrado já estava sem ele. Naquela hora, eu estava tão abalada que não dei nenhuma importância para esse detalhe.

Foi naquela fatídica noite de trinta de dezembro que ele realizou o experimento que lhe custou a vida, e no dia seguinte foi encontrado morto. Exatamente nesse dia, na véspera do Ano Novo, eu passei o dia e a noite em vigília junto ao caixão do meu único filho; eu queria estar com ele naquelas últimas horas. A dor que eu sentia esgotou-me as forças, e eu acredito que desmaiei... Entretanto, imaginei ter tido algum tipo de alucinação, que agora eu posso interpretar como uma visão real.

Naquele estranho estado de torpor em que me encontrava, eu não conseguia mover um dedo; no entanto, eu não tirava os olhos de Boris. De repente, eu vi que ele se reergueu do caixão, movimentou os braços, e com uma agilidade extraordinária saltou do sepulcro e saiu do quarto. A suposição de que ele não tinha morrido, mas estava num sono letárgico, passou pela minha cabeça como um relâmpago. Eu queria gritar, falar com ele, correr em seu encalço, mas não conseguia me mover.

Não posso lhe dizer, condessa, quanto tempo se passou, enquanto eu lutava contra aquele estranho torpor, até que ele reapareceu na sala. Com agilidade de um felino, ele entrou no caixão e acomodou-se nele. Ao fechar os olhos, deslizou-se em seus lábios um sorriso zombeteiro e maligno, como eu nunca tinha visto em seu rosto, em toda a minha vida.

Nesse momento, o torpor desapareceu. Com gritos de alegria, eu me atirei sobre Boris para abraçá-lo, mas ele jazia tranquilo e frio. Só então me convenci de que tudo o que havia

Numa Noite de Natal

95

presenciado tinha sido uma insana alucinação.

Agora, é claro, eu interpreto todos os fatos de uma forma diferente e não tenho o direito de interferir nas buscas para que seja encontrada a prova cabal desse episódio maléfico: o contrato com ele. Mas eu gostaria de pedir, antes de qualquer iniciativa, que o conde deva conversar com o nosso padre Nikifor. Além de guardar a chave do nosso jazigo familiar, eu o respeito muito por sua mente iluminada e pela caridade que presta ao próximo. Não gostaria de fazer nada sem a orientação e a presença dele.

Tatiana Petrovna chamou o marido e, após uma breve reunião, ficou decidido que contaria em detalhes todos os acontecimentos ao padre Nikifor, e que pediria a sua ajuda.

O sacerdote chegou depois de almoço. Era um ancião venerável, de olhar sereno e tranquilo. Ouvindo com tranquilidade o relato emocionado da condessa e da senhora Loginova, suspirou profundamente e disse:

— Eu já ouvi várias famílias de camponeses comentarem que a alma de Boris Alexandrovich não encontrou o descanso eterno na sepultura. Dizem que ele costuma aparecer nos arredores, sob a forma de um vampiro ou estrige.

— Meu Deus, padre Nikifor! E alguém já lhe disse que o viu? — perguntou aflita a senhora Loginova.

— Muitos afirmam tê-lo visto. No ano passado, quando a senhora estava no exterior, em uma das aldeias vizinhas aconteceu um fato que causou muito barulho e comentários, mas ninguém ousou revelar à senhora.

— Conte-nos, padre Nikifor, por favor! O senhor percebe a importância que esse fato tem para mim? — gaguejou Tatiana, trêmula.

— Com muito gosto, condessa, eu contarei tudo o que ouvi de testemunhas confiáveis.

Numa das aldeias vizinhas, vivia um rico comerciante que, não podendo ter filhos, sua esposa adotou uma pobre órfã a quem eles amavam como filha natural. Lisa cresceu e tornou-se uma linda jovem. Quando ela completou dezessete anos, na véspera do Ano Novo, resolveu tentar uma adivinhação diante do espelho, para descobrir quem seria o seu futuro marido. A mãe lhe proibiu terminantemente essa tola brincadeira, mas a jovem não lhe deu ouvidos e, inquieta, trancou-se no quarto. Ninguém sabe o que aconteceu lá... Uma hora mais tarde, eles ouviram gritos e gemidos selvagens vindos do quarto de Lisa e, quando seus pais arrombaram a porta, encontraram a filha quase morta. De suas últimas palavras desconexas, só conseguiram entender que Boris Alexandrovich, o morto, apareceu para ela e alguma coisa terrivel havia acontecido... Lisa morreu minutos depois. Para a sua família e toda a vizinhança, ficou evidente que Boris Alexandrovich havia se tornado um vampiro. Um estalajadeiro vizinho jurou ter visto, naquela mesma noite, alguma coisa incandecente no céu, soltando faíscas, entrar voando para dentro da chaminé da casa do comerciante.

— Então, padre, o senhor acredita que tudo isso é possível? — perguntou o conde, ainda não totalmente convicto, mas bastante abalado em seu ceticismo.

— Conhecemos muito pouco sobre os mistérios do Além-túmulo, conde. Por outro lado, é difícil também não acreditar em tantas evidências e testemunhas. A crença nos vampiros é muito conhecida e divulgada entre o povo, e muitas pessoas honestas e sérias afirmam tê-los visto realmente; não compete a mim duvidar.

Finalizando, disse:

— Estimado conde, vamos então iniciar a busca, cujo desfecho muito me interessa.

O jazigo da família ficava perto da igreja. O conde e o padre desceram até a câmara mortuária com velas acesas nas mãos e logo avistaram o local onde estavam os caixões metálicos do marido e do filho da senhora Loginova. Aproximando-se do túmulo de Boris, o padre o aspergiu com água benta, recitou uma oração em voz alta, abriu o caixão e retirou o véu do rosto.

Com a claridade das velas, pôde-se observar que o corpo do

morto ainda não havia se decomposto: seu rosto estava pálido e sereno, e somente um bolor superficial cobria a sua roupa. Durante alguns minutos, os dois homens observaram, pensativos, o cadáver estirado.

— Bem, senhor conde, onde vamos procurar o contrato? — perguntou o padre.

— Minha esposa afirma que ele deve estar no bolso do colete — respondeu Shebuev, sem muita convicção.

Silenciosamente, o padre enfiou a mão no bolso do colete e tirou uma fina folha de pergaminho dobrada em quatro, e entregou ao conde. Em seguida, benzeu o corpo, aspergindo água benta, fechou o caixão e junto com conde saíram do jazigo.

Na casa do padre, eles examinaram atentamente o documento: ele tinha algumas linhas enegrecidas escritas à mão e a assinatura de Tatiana.

Quando uma hora mais tarde Shebuev mostrou o contrato para a esposa, ela sentiu-se mal e tombou desfalecida.

Ao recobrar a consciência, Tatiana pediu ao conde que acendesse a lareira, e atirou o pergaminho no fogo; ele ardeu numa estranha chama brilhante, crepitou, assobiou, urrou e gemeu em diferentes vozes. Uma rajada de vento frio varreu o quarto...

Tatiana e Andrei ficaram horrorizados; do contrato fatal não sobrou nada, além de cinzas. O conde abraçou fortemente a esposa, que estava trêmula, e disse baixinho:

— Acalme-se, minha querida! Sua ousada tentativa de mexer com as forças desconhecidas chegou ao fim! Vamos começar uma vida nova, e nada mais irá nos perturbar! Primeiramente, precisamos ir pessoalmente agradecer a sua madrinha pelo auxílio divino de suas orações.

No dia seguinte, o casal partiu.

Tatiana sentia um verdadeiro horror daquela casa; por isso a senhora Loginova, com coração partido, não tentou retê-los. O vampiro nunca mais foi visto naquelas paragens, mas a lembrança daqueles funestos acontecimentos ainda permaneceu viva durante muito tempo na memória do povo.

O rubor que outrora matizava o rosto de Tatiana deu lugar a uma palidez nívea e diáfana, como se o toque do impuro tivesse arrebatado uma parte de suas forças vitais...

São Petersburgo, outubro de 1904

6

E os mortos vivem

Deus não é o Deus dos mortos,
mas dos que vivem.
MATEUS, 22:32

Páscoa!... Lembrança sagrada da ressurreição de Cristo;
data que representa a vitória da vida sobre a morte. Em uma
só palavra, tantas recordações da festa que anuncia o fim do
rigoroso inverno,[1] época em que a natureza, acalentada e aquecida pelo sol brilhante, se renova e a vida floresce em todos os
lugares, prenunciando que o verão, de exuberante colorido, se
aproxima...

Mas a véspera daquela Páscoa era tristonha, e encobria-
se com lágrimas e sangue. Em milhares de famílias, viúvas
e órfãos choravam inconsolavelmente, e os pensamentos,
distantes da alegria de jejuar, voejavam para crucifixos solitá-
rios sobre túmulos distantes. Aqueles que ainda não haviam
derramado lágrimas pela perda de um ente querido, eram
tomados por sentimentos de ansiedade e tristeza, ao examinar,
apreensivos, a relação com os nomes dos heróis que tombaram
heroicamente nos campos de batalha; folheavam-na desassos-
segados, pensativos e trêmulos de emoção, na dúvida sobre se
encontrariam ou não o nome querido de um pai, um filho, um
marido ou um irmão...

Numa das províncias da Rússia central, nas cercanias de
uma pequena aldeia, abrigava-se um pequeno cemitério com
uma humilde capela edificada de pedras acinzentadas. Em
seu interior, havia um grande ícone de São Nicolau Milagroso,

---

1 O autor se refere à época pascoal no hemisfério norte.

padroeiro de um jovem herói que repousava sob uma lápide de mármore preto, cujo nome, data de nascimento e de morte estavam esculpidos em letras douradas. O túmulo inteiro estava coberto de ramos frescos de abeto e flores. Uma lamparina prateada, em forma de pombo com as asas abertas, iluminava com luz tênue o local de descanso do jovem herói. O aroma de incenso ainda recendia na capela, de onde acabara de sair um sacerdote com um turíbulo de cobre e um velho missal nas mãos.

Num banco de ferro próximo à parede, estava sentada uma senhora em trajes de luto que, com os olhos inchados e vermelhos de tanto chorar, contemplava o túmulo do filho. Ao seu lado, estava um velho sacerdote que chegara depois da cerimônia fúnebre. Com a fisionomia cansada e cheio de compaixão, ele fitou a senhora em convulsivo pranto e disse em tom consolador:

— Coragem, minha senhora! Fortaleça a sua fé, e não se levante contra a vontade de Deus, e sim agradeça a Ele pela grande misericórdia recebida. As cinzas do seu filho lhes foram entregues, e a senhora pode cumprir o seu sagrado dever de cristã, orando todos os dias junto ao túmulo dele, como também mandar rezar uma missa por sua alma em todos os dias santos e consagrados. Agora pense nas milhares de mães que não sabem sequer se os corpos dos seus filhos jazem numa vala comum ou se o inimigo, torpe e cruel, os atirou para morrerem em alguma sarjeta em que vão servir, insepultos, como presas de lobos e pássaros.

Não se aflija, não, Sófia Andreievna! Ore ao Senhor, para que Ele a ampare, dando-lhe forças para suportar essa dolorosa perda com fé e humildade. Olhe quanta miséria, fome e frio existe ao nosso redor! Hoje é véspera da grande festa, mas em muitos lares não há nem mesmo uma migalha de pão.

A senhora ergueu a cabeça, abriu rapidamente a bolsa que estava ao seu lado, tirou algumas notas e as estendeu para o sacerdote.

— Pegue, padre Antônio, e distribua este dinheiro, por favor, aos mais necessitados, ou compre algo que lhes seja útil.

Numa Noite de Natal

Olhando-a pensativo, o sacertote respondeu:

— Por que a senhora mesma não pratica essa boa ação? Vamos juntos visitar algumas famílias mais pobres e poderá ver com os seus próprios olhos a necessidade e o sofrimento de pessoas desamparadas. Depois, ao retornar para casa, em nome daquele que nada mais necessita de material neste mundo, talvez possa enviar um pouco de pão, farinha e roupas para as famílias infelizes.

Sófia Andreievna se levantou com resoluta resignação, ajoelhou-se por instantes em prece junto ao túmulo, fazendo contrita o sinal da cruz, e saiu atrás do sacerdote.

— Irei com o senhor, padre. Por favor, me guie! — disse, ao trancar a capela com a chave, ordenando ao cocheiro que os seguisse à distância.

Eles caminhavam vagarosamente pela única rua do povoado. As casas abastadas, que se destacavam por suas construções luxuosas, contrastavam com as pobres cabanas cobertas com telhados de palha. Diante de uma dessas cabanas, o padre parou, abriu a porta e deixou sua companheira passar à frente.

Através de uma entrada pequena e escura, chegaram a um quarto bastante espaçoso, mas quase vazio. Toda a mobília era composta de uma cômoda velha, uma pequena mesa e alguns bancos de madeira sem pintura. A parte superior de um velho e grande fogão russo servia de cama, mas dentro do forno não havia fogo e o quarto estava muito frio. À espera do desjejum, alguns pratos com ovos, fatias de pão preto e uma caneca de barro com água estavam sobre a mesa. Um ícone de Nossa Senhora, com uma moldura simples de metal, era o único luxo da miserável cabana. Diante dele, estava acesa uma lamparina cujo óleo provavelmente havia sido comprado com as últimas moedas, a julgar pela penúria reinante ali.

Diante da imagem, estava ajoelhada uma velha senhora de cabelos grisalhos, cujo rosto ressequido e enrugado testemunhava uma longa vida de privações e pobreza que a fizeram envelhecer precocemente, bem como uma jovem mulher e duas crianças: um menino de aproximadamente cinco anos e uma menina de três. Os pequenos, magros e pálidos, vestidos com trapos velhos, se agarravam timidamente à mãe, e esta, com o rosto banhado de lágrimas, orava sussurrando e estendendo com humildade suas mãos ao ícone.

Ali não havia lamentações, nem queixumes... no rosto da velha senhora vislumbrava-se uma serena humildade, e na fervorosa oração da jovem mulher soava uma resignação e uma fé inabaláveis, diante da vontade de Deus.

— Virgem Santíssima, salve-o da bala do inimigo! Não temos medo da fome nem do frio; só nos traga de volta o nosso amparo, o pai dos meus filhos. Virgem Misericordiosa, Consoladora dos aflitos, ajude-nos!...

Ela estava tão compenetrada na oração que nem percebeu a entrada do sacerdote com a companheira, quando então padre Antônio a chamou:

— Stepanida! Maria! Nossa senhoria veio de Otradnoe para nos visitar.

As mulheres se levantaram rapidamente e curvaram-se, respeitosas. Sófia Andreievna aproximou-se da jovem mulher, emocionada, e disse:

— Tenha fé na misericórdia divina, pobre alma, e seu marido voltará para casa! Por enquanto, pegue isto! — disse ela, estendendo uma nota de dez rublos. — Vá rápido e compre tudo o que for necessário para a festa da Santa Páscoa, mas, antes, acenda o fogão. Olhe, as crianças estão congeladas! Coitadinhas! Amanhã eu lhe envio chá, açúcar, pão branco e roupa para elas. Vá à tenda, enquanto fico aqui e converso com sua mãe! Quero ver os pequenos bem alimentados.

Agitada e feliz, balbuciando palavras de agradecimento, a jovem foi buscar a lenha e acendeu o fogo, enquanto Sófia Andreievna sentou-se no banco, acarinhou as crianças e entabulou uma conversa com a velha senhora.

Aproximadamente dez minutos depois, padre Antônio se despediu.

Numa Noite de Natal

— Acho que hoje já está tarde e não dá mais tempo para visitar outras famílias. Com a sua permissão, Sófia Andreievna, vou distribuir o dinheiro que a senhora doou generosamente para auxiliar os mais desfavorecidos.

Assim que o sacerdote saiu, Stepanida voltou com o pão e um saco cheio de cereais. Depois de colocar o pote de mingau no fogo, ela voltou a sair; dessa vez, para comprar o leite.

Meia hora depois, o quarto pobre transformou-se num ambiente mais aprazível.

A velha senhora estendeu sobre a mesa uma toalha branca de linho, ornada com borda vermelha, simples, mas limpa, e alegremente acendeu o velho lampião a querosene. O fogo que crepitava no forno inundou o ambiente com um calor agradável e aconchegante, e a família se reuniu ao redor da mesa, diante do grande pote de mingau feito de cereais.

Desde a notícia da desgraça que ceifara a vida do seu amado filho, era a primeira vez que Sófia Andreievna se sentia mais calma e feliz, olhando para os rostinhos contentes das crianças, alegria que ela mesma havia trazido. Observava pensativamente os olhinhos brilhantes e animados, comendo com apetite voraz, e, quando ergueu o olhar para o ícone, lhe pareceu que a expressão facial da Santíssima Virgem se iluminara e que seus olhos sorriam vivazes para ela.

Sófia estava prestes a se despedir, quando todos ouviram um ruído das rodas de uma carroça que parou diante da cabana, seguido de um vozerio de pessoas.

Stepanida ficou pálida, estremeceu e levantou-se, mas logo quedou-se aturdida no banco, com as pernas enfraquecidas pela comoção.

— Ó meu bom Deus, parece a voz do Piótr!...

Em instantes, a porta se abriu; ouviu-se um barulho de muletas e, no quarto, entrou um soldado ainda jovem, sem uma das pernas, com uma cruz de São Jorge pendurada no peito.

Ele parou na soleira, tirou o quepe e fez o sinal da cruz. Por um minuto, um silêncio contrangedor e atônito paralisou a todos. Com o herói amputado à porta, as mulheres pareciam petrificadas, observando-o, e somente as crianças correram em sua direção gritando:

— Papai, papai!...

Os gritos dos pequenos quebrou o doloroso silêncio. Stepanida atirou-se ao marido, cingindo-lhe o pescoço e beijando-o carinhosamente.

— Pétia, Pétia, nosso querido!... Não fique triste porque voltou mutilado! Nós vamos amá-lo; vamos cuidar e trabalhar por você. Oh... como Deus é misericordioso, por tê-lo nos devolvido com vida!

Um vago e indefinido sentimento de amargura e inveja premeu o coração de Sófia Andreievna. Por que seu filho não voltara vivo, ainda que mutilado, como aquele soldado? Como ela cuidaria dele e o ampararia para o resto de sua vida... O que ela não daria naquele instante para ouvir a voz de seu Kólia e abraçá-lo avidamente junto ao peito! Lágrimas amargas nublaram os seus olhos, e, lançando um último olhar para o soldado que abraçava a velha e chorosa mãe, ela saiu silenciosamente até à porta para não atrapalhar com sua presença aquele momento tão íntimo da família, absorvida na alegria do mágico reencontro.

Da entrada da porta, ela acenou para o cocheiro e logo a seguir a carruagem a levava de volta para casa.

Sófia Andreievna Bakhteieva era a viúva de um senhorio muito rico. Depois da morte de seu filho, a capital e a sociedade tornaram-se repulsivas para ela. Após depositar as cinzas dos seus familiares queridos na propriedade familiar, ela decidiu estabelecer-se para sempre na sua casa de campo.

Quando a carruagem chegou ao solar e parou junto à entrada, o curto dia primaveril já estava cedendo lugar à escuridão noturna. A grande mansão portentosa estava às escuras, e somente em algumas janelas do andar térreo havia luzes. O velho mordomo ajudou sua senhora a descer da carruagem, e a criada de quarto tirou-lhe o sobretudo e o chapéu, ainda no saguão da entrada.

Sófia Andreievna atravessou em silêncio uma pequena sala de estar, mobiliada com requinte e austero bom gosto, e entrou na sala de jantar, onde uma mesa posta a aguardava.

Ali também a prosperidade imperava: o sóbrio mobiliário de carvalho escuro, os quadros valiosíssimos com rebuscadas molduras douradas, a prataria maciça, pesada e reluzente, e os cristais em profusão ornavam o ambiente.

Ela nem sequer tocou na comida. Seu coração estava pesado, algo comprimia sua garganta, e os olhos detinham-se entristecidos para um lugar vazio na mesa, onde seu filho costumava sentar-se durante as férias de verão, ou quando passava o tempo livre na aldeia.

— Está vazio, e assim será para sempre... — sussurrou Sófia Andreievna, levantando-se e saindo da sala de jantar.

Ela dirigiu-se para o quarto do filho, onde passava todas as noites sentada diante de um grande retrato dele, iluminado por um pequeno refletor, colocado na estante e recoberto por um veludo preto.

Entristecida, Sófia Andreievna quedou-se na confortável poltrona e entregou-se às lembranças que inundavam sua mente, detendo-se em uma: no ano anterior, durante a Semana Santa, eles tinham ido juntos à capital. Ela havia presenteado o filho com uma cigarreira de ouro, enquanto ele lhe dera justamente aquele retrato que ela contemplava agora.

Como ele estava alegre e feliz naquele dia em que, beijando-a no rosto, lhe disse com um sorriso travesso:

— Estou lhe preparando uma surpresa mamãe, e que surpresa!...

Quem poderia imaginar que em apenas um ano aquele jovem cheio de vida estaria descansando numa sepultura...

Pouco a pouco, as recordações se aprofundavam mais e mais distantes, no passado. Muitas passagens da infância e da primeira juventude do filho se projetaram diante de seus olhos saudosos. Subitamente, um sentimento amargo de remorso premiu o seu coração.

Ela se lembrou de uma briga entre eles, que ocorrera uns três anos antes. Nikolai contava então com vinte e cinco anos e já se encontrava, na época, com idade suficiente para contrair matrimônio. Sófia Andreievna tinha escolhido uma jovem bonita, rica, e de bom caráter, que deveria fazer a sua felicidade, e insistiu reiteradas vezes que ele se casasse com sua escolhida. Entretanto, o filho rejeitou a eleita, declarando categoricamente ser indiferente àquela favorita, considerando-a uma mulher ociosa e que, frequentando assiduamente a alta-roda da sociedade, era cheia de coquetismos e de caraminholas na cabeça.

Depois de uma série de cenas desagradáveis e constrangedoras entre eles, houve uma ruptura, e durante quase um ano suas relações se esfriaram. Algum tempo depois, uma grave doença de Sófia Andreievna pôs fim àquela tensa relação. Esquecendo o ocorrido, Nikolai cuidou abnegadamente da mãe, e eles se reconciliaram.

Como ela lamentava aquela desavença! Quanto tempo irremediavelmente perdido na disputa por bobagens! Quanto tempo a mais ela poderia ter convivido com ele! No entanto, se ele não fosse tão teimoso e tivesse se casado naquela época, com certeza agora ela teria um neto que poderia amar como uma lembrança viva dele.

Lágrimas amargas rolaram pelo seu rosto. Um sentimento profundamente triste, de solidão e desespero, comprimia dolorosamente seu coração.

— Oh!, por que não nos ensinam o que fazem os mortos no outro mundo? Onde estará agora a alma do meu Kólia? Será que ele vê a minha tristeza e a minha dor? Será que às vezes ele vem me visitar? Será que as minhas orações o auxiliam de alguma forma? — questionava-se, amargurada, Sófia Andreievna.

De repente, ela estremeceu ao se recordar que o filho era adepto do ocultismo e do espiritismo. Naquele tempo, ela via isso com ceticismo, pois não acreditava que era possível a comunicação entre vivos e mortos, tampouco a evocação de espíritos ou mensagens do Além. Considerava aquilo tudo puro charlatanismo.

Certa vez, após ter ridicularizado determinado ponto de vista dele sobre esse tema, Nikolai se resguardou e nunca mais tocou no assunto. Sófia Andreievna também se lembrou de que o filho tornara-se simpatizante do espiritismo durante o esfriamento das relações entre ambos, e que nessa mesma época ela notou uma drástica mudança nele.

Kólia tornou-se uma pessoa mais séria, religiosa, e começou a frequentar diligentemente a Igreja, além de ajudar constantemente os pobres. Jamais deixava de dar esmola aos pedintes que encontrava em seu caminho, e nunca se recusava a prestar auxílio às pessoas que passavam por privações.

Certa dia, um pobre escriturário que perdeu o emprego por causa de uma longa enfermidade dirigiu-se a ele pedindo ajuda. Nikolai não só lhe arrumou um trabalho, como lhe ofereceu cento e cinquenta rublos para que quitasse suas dívidas mais urgentes e comprasse o uniforme. Naquele tempo, Sófia Andreievna se aborreceu com os seus excessivos gastos, repreendendo-o por dar dinheiro a qualquer mendigo e alegando que o constume de ler livros espíritas o levara àquela "caridade fantasiosa".

Com um sorriso enigmático no rosto, ele respondeu:

— Cada sofrimento poupado é como um capital que guardamos no banco celestial. Então, eu não gastei meu dinheiro em vão. Além disso, a senhora, mamãe, não deveria censurar uma ciência suprema que de modo algum se contrapõe à fé; pelo contrário, ela a fortalece, comprovando, com fatos irrefutáveis, as verdades professadas pela Igreja. Eu não quero lhe impor as minhas opiniões e convicções, mas chegará o dia em que a senhora desejará convencer-se da continuação da vida além da morte e conhecer como vivem os nossos queridos mortos.

— Bem, mas isso ainda não justifica o fato de você gastar dinheiro com o primeiro transeunte pobre que aparece na sua frente, inventando um monte de bobagens e mentiras — respondeu Sófia, ainda zangada.

— Aquele pobre não mentiu. Com lágrimas nos olhos, me disse: "São Nicolau ouviu as minhas preces e tocou o seu coração". Além do mais, eu gostaria de lembrar-lhe, mamãe, que o dinheiro era meu. As palavras daquele pobre infeliz só me confirmaram que ele foi enviado por meu grande padroeiro, e que, se eu lhe desse as costas, seria como se eu mesmo tivesse rejeitado ao meu Santo o desejo de auxiliar aquele necessitado, que o clamava fervorosamente por auxílio. Não esqueça de que cada ser infeliz que cruza o nosso caminho, na verdade, é enviado por nossos santos. O Senhor nos disse: "Em verdade vos digo que, quando o fizestes a um destes meus pequeninos irmãos, é a Mim que o fizestes!" [2]

Com um realismo quase doloroso, aquele diálogo reavivou-se na memória de Sófia Andreievna. Olhando fixamente para o retrato do filho, ela sentiu que seus olhos a contemplavam com uma expressão de ternura.

Oh!, se ela pudesse orar como aquela camponesa pobre, a quem o Senhor trouxe o marido de volta... Mas orar assim, ela não sabia, apesar de toda dor que estava suportando...

Um desespero atroz eferveceu na sua alma, as lágrimas jorraram de seus olhos e, comprimindo as mãos junto ao peito, ela balbuciou com a voz embargada:

— Querido filho, me dê uma prova de que você vive e consegue me ouvir. Ajude-me a encontrar a chave que abre as portas do Além! Eu quero crer no invisível; quero senti-lo e ter certeza de sua existência.

O relógio bateu onze horas. Como que obedecendo a uma força invisível, ela se levantou e dirigiu-se para uma grande estante onde enfileiravam-se milhares de livros na biblioteca do filho. Apanhando um deles, ao acaso, voltou para a mesa, abriu mecanicamente a obra e estremeceu.

Era um pequeno tratado sobre a comunicação entre os vivos e os mortos, sobre evocações, sessões, materializações etc. Febril-

---

2 Mateus 25:40 – E responder-lhes-á o Rei: "Em verdade vos digo que, quando o fizestes a um destes meus pequeninos irmãos, a Mim o fizestes."

mente, ela começou a ler e, à medida que folheava as páginas, cada linha, cada palavra, como que denotavam uma inabalável verdade. Sua excitação aumentava e o coração palpitava, acalentado por uma nova esperança que nascia dentro de si, e então aquele entusiasmo transformou-se numa fervorosa oração.

Nunca antes, em toda a sua vida, ela rezara com tanta fé. Toda sua alma se ascendia num ímpeto extasiado em direção à fonte divina do Grande Bem e, ao mesmo tempo, ela evocava com ardoroso amor o espírito de seu filho. Em sua excitação sublimada, Sófia Andreievna não reparou que pancadas surdas e abafadas soaram da parede e, do retrato do seu filho, fulguraram faíscas cintilantes, e que ele próprio parecia envolto numa névoa azulada.

Um estranho estado de torpor a envolveu. O corpo parecia imobilizado por um peso de chumbo; seus movimentos estavam paralisados, enquanto os sentidos, pelo contrário, adquiriram uma nitidez aguçada, sem precedentes.

Um ar fresco e tépido bafejou ondulante no seu rosto, como se soprasse uma brisa vinda do mar. Tudo ao seu redor se iluminou com uma luz suave como o luar, e todos os objetos no quarto fosforeceram de tal modo que, mesmo nos cantos mais escuros, ela poderia distinguir qualquer pequeno objeto. Pouco a pouco, pelo seu corpo entorpecido e congelado começou a percorrer um calor vivificante. Subitamente, seu coração parecia ter parado de bater...

Sófia ouviu claramente no quarto vizinho passos familiares e um tilintar de esporas; depois, a porta se abriu e, no limiar, surgiu o vulto alto do filho, ladeado por uma luz azulada.

Ele estava trajado como de costume, e no seu peito cintilava uma cruz de São Jorge que ele tinha ganhado poucos dias antes de morrer. Seu rosto transpirava serenidade, e os grandes olhos azuis brilhavam com uma luminosidade estranha e fosfórea.

Ele se aproximou da mãe, ajoelhou-se, e sua mão densa apertou fortemente a mão de Sófia; os lábios, verdadeiros e vivos, beijaram a face dela.

— Querida mamãe, como estou feliz e agradecido por ter me evocado! Seu clamor fervoroso é que permitiu este nosso encontro. Vim para dissipar o nevoeiro das suas dúvidas, fortalecer-lhe e lhe devolver a paz de espírito, para que recomece uma nova vida: a vida do amor, da misericórdia, da atividade útil, iluminada com o conhecimento da existência espiritual. Eu sei que a senhora deseja conhecer os detalhes da minha partida. Assim, lhe contarei os meus últimos minutos no campo de batalha. E, para que não se esqueça de nada, escreverei, eu mesmo, este meu relato.

Então, ele se levantou, aproximou-se da escrivaninha, abriu uma gaveta e, tirando dela um caderno de grande formato, colocou-o sobre a mesa.

— Olhe que curioso instrumento de escrita nós, espíritos, dispomos! — disse ele, sentando-se à mesa e olhando com um sorriso para a mãe.

Espantada, Sófia Andreievna viu que na testa do filho formou-se uma espécie de bola fosfórica que rodopiava vertiginosamente e tremia, desenrolando um fio claro que saía da cabeça dele, com uma ponta fina como uma agulha, e que deslizava no papel e escrevia em letras ígneas.

— Com o tempo, talvez se chegue à escrita com o poder do pensamento, mas por enquanto só nós dispomos desta vantagem — concluiu sorrindo.

Com o coração palpitante, Sófia Andreievna não despregava o olhar do filho, e viu, estupefata, a agulha ígnea preenchendo várias páginas que estavam em branco no caderno, com uma rapidez vertiginosa. Então, finalmente o fio se partiu e Nikolai levantou-se.

— Agora, escrevi tudo o que queria. Nestas páginas, a senhora vai encontrar todos os detalhes do meu desenlace e da minha vida no mundo espiritual. A possibilidade de um novo retorno vai depender da senhora, mamãe, e de como vai assimilar e aprender o meio para nos comunicar.

Mais uma vez, depois de sentir em seu rosto um beijo

Numa Noite de Natal

carinhoso, a imagem de Nikolai empalideceu, nublou-se e dissolveu-se no ar.

Um estremecimento involuntário percorreu o corpo de Sófia Andreievna, e de seu peito escapou um suspiro profundo. Seus olhos confusos e atônitos detinham-se ora no buquê de flores frescas e silvestres, salpicadas de orvalho, sobre o seu colo, ora para o caderno sobre à escrivaninha, iluminado pela tênue lâmpada do abajur, preenchido com aquela letra familiar, tão conhecida do seu coração.

Um grito de alegria brotou dos seus lábios e ela beijou apaixonadamente aquelas flores misteriosas, recebidas do Além.

Então não havia sido um sonho, e ela não fora vítima de uma ilusão enganosa; ele realmente estivera ali com ela, porque as flores e o caderno sobre à mesa eram provas irrefutáveis da vida Além-túmulo e do amor que sobreviveu à morte.

Nesse momento, a porta entreabriu-se e a camareira perguntou se sua senhora a havia chamado.

— Não, pode ir dormir, Anícia. Eu ainda vou ler um pouco; depois eu mesma me troco — respondeu Sófia, apressada.

Ao ficar sozinha novamente, ela pegou o caderno, ansiosa e impaciente para conhecer o conteúdo da mensagem recebida do Além-túmulo.

Dois dias antes da morte do meu corpo físico, eu sonhei com papai. Ele me beijou e disse: "Logo você estarará comigo". Mas não fiquei impressionado com esse sonho, pois durante aquelas batalhas infernais eu já tinha visto a morte de perto centenas de vezes; então não a temia. Estava profundamente triste, porque alguns dias antes eu tinha recebido a notícia do falecimento de uma pessoa muito querida, da qual falarei mais adiante.

Na manhã daquele dia, que deveria ser o último para mim na Terra, eu acordei de um breve sonho muito nervoso e agitado. Passei o dia torturado por uma indefinida ansiedade e um irresistível desejo de me confessar e de comungar. Desde a noite anterior, o tiroteio havia cessado, o inimigo estava silencioso, e eu tentei encontrar um padre, mas ele tinha ido ao hospital para visitar os feridos, e acabei me esquecendo do meu desejo, distraído com o excesso de trabalho.

Havíamos recebido uma ordem superior de exterminar os inimigos que tinham tomado uma aldeia vizinha. A tarefa era difícil, porque os alemães lutavam como demônios e era preciso desalojá-los de cada uma das casas. Anoitecia, quando finalmente eles se evadiram, e nós os perseguimos obstinadamente.

Até aquele momento, as balas me pouparam. A batalha, entretanto, prosseguia feroz. Eu tinha acabado de matar um alemão, e saltei sobre alguns cadáveres para exterminar um outro. De repente, senti um tranco no corpo, uma dor lancinante no peito, e faíscas cintilantes saltaram dos meus olhos. Senti-me despencando num abismo escuro, e desmaiei.

Ao recobrar os sentidos, eu me sentia péssimo: as minhas mãos e pernas estavam frias e dormentes, e meu peito parecia perfurado por uma barra de ferro em brasa. Sentia dores horríveis, a garganta apertava como um torniquete e a sede me torturava.

Ao abrir os olhos com grande esforço, vi que já era noite, uma noite sem luar e sem estrelas, escura e fria, iluminada num flanco, meio distante, pelo fogo de um incêndio. A aldeia tomada pelos nossos companheiros ardia em chamas. Eu estava plenamente consciente; só não conseguia me mover. Ao meu redor, amontoavam-se pilhas de mortos, capacetes e armas quebradas. O mau cheiro que vinha do sangue putrefato e dos corpos em decomposição dificultavam ainda mais minha fraca respiração.

O que sofri naqueles momentos é indescritível; então concluí que a morte seria uma libertação para mim. Mas ela não chegava... e não havia ao meu lado um ser vivo sequer que pudesse aliviar os meus últimos momentos. Pouco a pouco, caí num profundo entorpecimento, semelhante a uma letargia, quando então meus sofrimentos diminuíram, e diante dos meus olhos enevoados passaram várias imagens da minha vida. Parecia que eu me despedia da senhora, em Petrogrado, e sentia suas lágrimas no meu rosto. Depois, me vi presente na missa de réquiem e, finalmente, dentro de nossa igreja, ajoelhado diante do ícone de São Nicolau que meu avô tinha doado para a nossa capela...

De súbito, tudo desapareceu e uma dor insuportável me trouxe de volta à realidade; minha sede aumentou ainda mais, e eu senti uma queimadura dolorosa que me premia a garganta.

Eu estava totalmente desesperado e tentava rezar, evocando o meu Santo protetor, implorando-lhe pela morte, a fim de me livrar daquela terrível agonia.

Poucos minutos depois, minha atenção foi atraída para uma luz ofuscante que brilhava perto de mim e, surpreso, vi que dois clérigos vinham chegando e abrindo caminho entre as pilhas de mortos. Um deles era um bispo, de mitra, envolto num alo luminoso; todo o seu manto cintilava como se fosse coberto de diamantes. O outro era um sacerdote já idoso; em seu peito tremulava uma chama irradiando feixes de clarífica luz. O sacerdote se inclinava ora diante de um, ora diante de outra pessoa, entre tantas estendidas no chão ensanguentadas; mas o bispo parecia guiar-se na minha direção. Fiquei maravilhado ao ver que um clérigo de tão alta hierarquia estava em um campo de batalha, paramentado de forma tão cerimoniosa.

Eu queria chamá-los, mas apenas um gemido rouco saiu da minha boca. Entretanto, acredito que tenham conseguido me ouvir, pois logo se aproximaram. O sacerdote ajoelhou-se ao meu lado, com o olhar compadecido, curvando-se sobre mim. Meus olhos, porém, estavam pregados no bispo, e eu estremeci ao reconhecer naquele semblante a cópia da imagem retratada no ícone de São Nicolau na nossa igreja da aldeia. Aquele espírito iluminado atendeu ao meu clamor e às minhas preces, e não só chegou para me ajudar, como também não me deixou morrer sem a purificação dos Santos Sacramentos.

Um ímpeto de profunda gratidão me envolveu, o medo da morte subitamente desapareceu e até os meus sofrimentos se abradaram. São Nicolau sorriu para mim, me abençoou e diluiu-se na bruma azulada salpicada de faíscas. De súbito, não imagino de onde, surgiu diante de mim uma irmã de caridade que limpou o meu rosto com uma toalha molhada e, levantando minha cabeça, me deu uma bebida refrescante. Quando o bispo me absolveu dos meus pecados, ao receber a comunhão, percebi que a luz brilhante que me sensibilizara saía de uma âmbula pendurada em uma corrente junto ao seu peito.

Após a comunhão, algo como um fluxo de fogo percorreu minhas veias, aquecendo meu corpo e tirando de sobre os meus ombros um peso de chumbo que antes me acorrentava. A dor no peito diminuiu, mas meu corpo inteiro começou a se contrair de um jeito estranho, como se eu adentrasse um poço estreito, escuro e profundo, como uma chaminé. Nuvens de faíscas cintilavam e giravam ao meu redor. Subitamente, num átimo de segundo, me senti dentro de um buraco afunilado, e uma forte rajada de vento me alçou como um balão, Então me vi irremediavelmente sozinho, num lugar estranho e desconhecido, sem compreender o que estava acontecendo comigo e onde eu me encontrava.

Sentia-me saudável, curado, e podia me locomover livremente, mas estava atordoado e raciocinava com certa dificuldade. Tinha a vaga impressão de ter sido ferido gravemente, mas naquele momento apenas uma fraca e dolorosa pressão no peito me fazia lembrar do ferimento.

Após lançar um olhar tímido e temeroso ao meu redor, percebi que estava num espaço acinzentado, por vezes salpicado de densas e escuras nuvens vermelho-sanguíneas, como uma maré sangrenta, entrecortada intermitentemente por ziguezagues de fogo, como relâmpagos. Naquela penumbra esbranquiçada, fervilhava uma multidão de pessoas que lutavam ferozmente, entre as quais eu reconhecia aliados e inimigos.

"Talvez eu esteja participando de uma batalha noturna", pensei.

Mas ninguém notava minha presença e, estranhamente, na cabeça de quase todos os combatentes notei uma espécie de luzinha: ora cinza, ora vermelha esfumaçada; todas, porém, tremeluziam fracamente, como velas de cera prontas para se apagar. As pessoas pareciam enlouquecidas: algumas corriam e se debatiam para todos os lados, querendo esquivar-se da perseguição de criaturas nojentas e repugnantes que tentavam agarrar-se a elas.

Eu estava totalmente confuso e perdido, até que surgiu diante de mim um ser diáfano, com uma túnica branca translúcida e de contornos sutis; apenas sua cabeleira loira se destacava claramente, e acima de sua fronte brilhava uma estrelinha azulada.

A visão daquela mulher me alegrou e ao mesmo tempo me deixou assustado, porque se tratava de Liza, minha pobre esposa, cuja morte fiquei sabendo havia poucos dias.

Sim, querida mamãe, eu me casei em segredo, quando estávamos estremecidos, e não lhe contei nada com receio de seu provável descontentamento. Depois a senhora vai conhecer os pormenores desse nosso enlace. Agora vou continuar minha narrativa...

Sófia Andreievna parou de ler, respirando ofegante. Então ele era casado!!!... e a mulher havia morrido... e sobre todos esses fatos, ela não sabia nada! Ressentimento, amargura e ciúmes despertaram no seu coração, mas só por um instante. Sufocando esses maus sentimentos, agora duplamente indignos, pois ambos haviam falecido, ela enxugou as lágrimas que vieram aos seus olhos e inclinou-se sobre o caderno, continuando a leitura.

— Agora estamos juntos novamente — disse Liza, inclinando-se sobre mim e me fitando com desvelado amor. — Reze e agradeça a Deus pela sua rápida libertação! Para você, que já acreditava na imortalidade da alma e conhecia as leis que regem a vida espiritual, a morte perdeu seu "aguilhão". Você precisa ficar tranquilo, pois sacrificou sua vida com honradez e por uma nobre causa: o amor pela pátria.

Ela estava certa; todavia, eu tremia de perplexidade e atônita surpresa. "Eu morri... e estou fora do meu corpo físico. Tudo aquilo que eu via e sentia com o meu corpo anterior, agora vejo e sinto com meu corpo espiritual...", pensei.

A névoa de esquecimento que envolvia minha mente então se dissipou, embora eu ainda não pudesse compreender muito bem os meus sentimentos. Eu me sentia atormentado pelas lembranças da senhora e do infortúnio que a atingira.

Agora eu sabia que todas aquelas criaturas que eu tinha avistado, combatendo e lutando, continuavam no Além a batalha que havia começado na Terra: eram os espíritos dos homens que pereceram na flor da idade, e que foram arrancados violentamente do seu invólucro carnal. Eles ainda não detinham o conhecimento de que já habitavam um outro mundo. Imaginando-se vivos, ardiam de ódio e, excitados pela luta, atacavam os inimigos, sem entender que eles, assim como os outros, agora eram apenas espíritos desencarnados...

— E para onde corre essa multidão perseguida por tão horrendas criaturas? — perguntei a Liza.

— Eles migram para um lugar compatível com suas próprias vibrações, ou atraídos pelos fluidos deletérios emanados dos crimes, do ateísmo, das blasfêmias e das profanações. Vamos, vou lhe mostrar o local de sofrimento gerado por eles próprios! Afinal, você precisa se familiarizar com as condições de sua nova existência, que obviamente é esquecida quando ocorre a reencarnação terrena.

E com uma rajada de vento, nós voejamos na névoa cinzenta que se espalhava por todos os lados como um vasto oceano.

Logo, diante de nós, abriu-se um espaço iluminado por um brilho avermelhado e incandecente que, em alguns lugares, parecia emoldurado por uma parede de fogo. E, naquele campo de batalha, totalmente diferente, digladiava-se uma multidão com rostos repugnantes e deformados pelo ódio, cobertos de chagas, de onde escorria um pus esverdeado, misturado com sangue.

A julgar pelas suas vestimentas em trapos, eram alemães. Neles, grudavam-se com os braços peludos ou ossudos criaturas horrendas, meio feras, meio humanas, de crânios desnudados ou apresentando chifres. Os olhos que brilhavam emitindo chamas esverdeadas, respiravam um ódio verdadeiramente diabólico.

Aqueles repelentes seres das trevas, verdadeiros chacais do Além, sugavam avidamente um vapor avermelhado: era a corrente vital que emanava em abundância de seus corpos astrais, por terem desencarnado repentina e violentamente, ainda em plena floração das forças físicas.

Todos aqueles seres retornaram à pátria espiritual ébrios e cegos, cobertos de fétidas e pesadas vibrações oriundas de homicídios e da exacerbada brutalidade, ainda imantados pelas maldições de suas vítimas... Neles juntavam-se larvas de todos os matizes da animalidade. Por esse motivo, a liberdade ali é ilimitada.

Nenhum espírito de luz se avizinhava daquele lugar; nenhuma irradiação pura e refrescante chegava àquela região repleta de desejos impuros. As larvas asfixiavam e estrangulavam todas as vítimas com seus horríveis braços, apesar das tentativas de resistência, dos gritos e das maldições. Os monstros, saciados e achincalhantes, rindo diabolicamente, cediam lugar para os outros ainda famintos.

— Veja que lugar infernal eles concebem para si mesmos,

esses infelizes! — disse Liza, com compaixão. — Eles renegaram a fé e a todos os bons sentimentos humanitários: de filantropia, de misericórdia ao próximo, e de compaixão para com todos os menores e mais fracos seres da Criação. Então, é por isso que os espíritos das trevas aplicam-lhes a Lei de Talião: "Olho por olho, dente por dente". Eles jamais acreditaram na Virgem Santíssima, tampouco nos santos milagrosos; portanto, não podem agora suplicar-lhes auxílio. Somente o Redentor poderia salvá-los, mas a Sua imagem sagrada representa para eles somente uma concepção vazia. Será possível que esses seres, possuindo um parte da centelha divina, possam profanar as igrejas, celebrar orgias nos templos de Deus, blasfemar contra os ícones e a cruz, o símbolo do suplício do Cristo, ou macular os cálices que contêm o Seu sangue e o Seu corpo? Pois os alemães fizeram tudo isso com um cinismo aviltante, exercendo ao máximo toda essa heresia abominável. Mas, lembre-se de que não são somente alguns infames que fazem isso, isoladamente, mas sim milhões de pessoas que se aviltam, amargando depois uma difícil redenção ao perder o caminho para a salvação.

Penalizado diante do aterrorizante espetáculo, lamentei aquele Inferno muito mais medonho do que as pessoas mais ingênuas imaginam...

De repente, senti uma vontade irresistível de fugir daquele lugar de sofrimentos e aflições, desejando mergulhar nas emanações renovadoras e beatíficas dos nossos protetores. Os espíritos de luz provavelmente estavam por perto, em algum lugar, participando da nossa vida e nos apoiando na luta contra o inimigo que, semeando a discórdia e o caos, pretendiam nos enfraquecer com o intuito de escravizarnos e de abalar a nossa fé.

Mal esse desejo se fortaleceu na minha alma, e me senti arrebatado para outra região, como uma folha seca levada pelo vento, deixando para trás aquele horrível espaço acinzentado que se esvaneceu na neblina. Tudo se iluminou ao redor... e me senti planando acima das nossas tropas, onde visualizei, estupefato, vários focos de luz que irradiavam largos raios luminescentes. Ali estavam todos os nossos protetores, os santos que um dia também encarnaram no seio do povo, formando uma espécie de exército de luz. Suas orações pela amada pátria sempre a salvaram de todos os perigos.

Então eu vi com meus próprios olhos a mão misericórdiosa dos mártires do povo desviando de uns as balas letais, e insuflando nos outros a coragem e a força. Amorosamente, eles se inclinavam sobre os bravos moribundos, aliviando seu sofrimento, cortando os cordões fluídicos que os uniam aos seus invólucros carnais, e dissipando o medo da morte. Suas irradiações límpidas e cálidas, como um bálsamo refrescante, penetravam nos corpos ensanguentados dos feridos, amenizando seu sofrimento e fortalecendo-os de fé e inabalável esperança.

Gratificado com a bênção daquela visão, minha alma se transbordou de júbilo ao avistar o Padroeiro de todos os santos. Não me lembro dos meus lábios terem pronunciado nenhuma oração, mas um ímpeto irresistível elevou minha alma às alturas celestes.

— Liza, seria muita ousadia eu pedir ao meu santo protetor a permissão para me aproximar dele? Será que sou digno de comparecer diante dele para agradecer pela minha pronta libertação do grilhões do corpo?... Eu sei que foi ele quem me ajudou.

Um sorriso carinhoso iluminou o rosto de minha esposa.

— Somente reze, e a oração o levará àquele a quem você deseja ver.

Eu concentrei meus pensamentos com fervor e uma atração poderosa me arrastou como um furacão para o encontro com São Nicolau. Com indizível bondade ele me olhou e me abençoou, e um fluxo ígneo emanado das suas mãos me revigorou.

— Vá, e una suas fervorosas orações com as dos outros companheiros! — disse ele. — Trabalhe ajudando e consolando os seus irmãos necessitados.

Fortalecido com a nova diposição de coragem e ânimo, e a alma repleta de profunda paz, eu descia com a minha companheira, quando lhe perguntei se ela tinha conhecimento do local onde se encontrava meu pai e se eu poderia vê-lo.

— Sem dúvida! — respondeu Liza. — Ele também trabalha no campo de combate. Há muito trabalho por lá para combater as forças das trevas que os alemães evocaram do abismo infernal, com suas maldades, torpezas e desprezo por todas as leis divinas e humanas. Para dizer a verdade, os monstros diabólicos lutam junto com eles, como também ofuscam e dominam suas mentes, encaminhando-os para novas e dolorosas hecatombes. Mas, primeiramente, quero lhe mostrar as esferas do Cristo, e você poderá vê-Lo de longe, porque o Salvador sempre se aproxima da Terra nos tempos mais difíceis: é quando o Inferno desafia os Seus exércitos. Nós ousamos nos designar com este nome porque cremos Nele, e as nossas orações nos unificam com o Seu sangue e o Seu corpo quando comungamos, nos iluminando e fortalecendo com a Sua graça divina.

Eu fiquei perplexo e irremediavelmente feliz, seguindo atrás de Liza e, à medida que alçávamos o Espaço, ele se tornava mais translúcido, límpido e tépido. Uma vibração harmoniosa e extremamente poderosa propagava-se no ar, enquando vibrava cada fibra do meu corpo astral. Aos poucos, a luminosidade ficou mais densa e se modelou numa espécie de cúpula como um amplo templo, no fundo do qual se assentava um majestoso trono, encimado por uma cruz dourada que brilhava com raios multicoloridos.

Diante do trono, eu vi o Cristo. Ele era o centro de um sol radiante, cercado por diáfanas nuvens tecidas de diamantes. Suas feições divinas não pude vislumbrar, mas senti que Ele estava orando. Dele emanava uma névoa aurifulgente como um vapor dourado, e minúsculas partículas rutilantes se espargiam do seu corpo em todas as direções. Compreendi imediatamente que orava por toda a humanidade, protegida e liderada por Ele. Orava com o mesmo ardor, tanto por aqueles que derramaram o seu sangue pela verdade, defendendo os fracos e oprimidos, como por aqueles que morreram bendizendo o Seu nome, cheios de fé e humildade na alma. E também por todos que, em sua cegueira, blasfemaram e conspurcaram os Seus Sagrados Mandamentos, tramando para si próprios uma expiação difícil e penosa. Tal oração assim, repleta de amor, caridade, indulgência e comiseração, é inerente ao espírito Divino...

Minha alma cada vez mais se empregnava de paz e clareza. Contudo, pouco a pouco, reavivaram em mim também as recordações de que eu, inúmeras vezes, habitara o mundo póstumo, cheio de grandes e maravilhosos mistérios, mas ao mesmo tempo aterradores. Uma longa cadeia de todas as minhas existências fluíam diante de mim, como num caleidoscópio, em imagens vivas.

Eu estava totalmente absorto pelas lembranças que me perturbavam, quando, de súbito, chegaram aos meus ouvidos sons poderosos de um canto suave e indescritivelmente harmonioso, que me deixou surpreso.

— O que significa isso? — perguntei.

Liza brilhou de alegria.

— É a felicidade que está sorrindo para você. Veremos a procissão de Nossa Senhora e de todo o Seu séquito. A Ela, a Consoladora de todos os que sofrem e choram, elevam-se aos céus milhares de orações. Das choupanas aos palácios, as pessoas reverenciam-se diante Dela e clamam por Sua graça e misericórdia; uma quantidade infinita de velas ardem diante de Suas imagens em toda a Terra. Seja qual for o nome que dêem a Ela, a Mãe de Deus ouve cada prece e atende quem A clama. Frequentemente, Ela visita a nossa pátria, abençoando-nos com seu véu resplandecente.

Com o coração palpitando, vi como as translúcidas nuvens se aglomeravam densificando-se, formando um largo tapete cintilante. O cântico ficava mais forte e harmonioso, o brilho ao redor ficava mais feérico, e no meio daquele mar de clarífica luminosidade, avistei a Virgem Santíssima, cujos traços faciais eu era incapaz de discernir. Em torno Dela, aglomeravam-se seres de indescritível e majestosa beleza; porém, o que mais me deslumbrava eram as luzinhas multicoloridas, umas maiores, outras menores, que no conjunto daquele infinito iluminado alçavam-se em direção a Ela. Como uma massa densa e concentrada, como sementes de papoula, em correntes de fluxos ininterruptos, aquelas luzinhas coloridas voejavam e acercavam-se do cortejo celestial: umas límpidas e brilhantes, outras opacas e mal tremeluzentes.

— Você está vendo essas miríades de faíscas que se ascedem em direção à Mãe de Deus? — perguntou Liza. — São as orações de milhões de pessoas que clamam por Ela nos seus sofrimentos e atribulações. Nenhuma gota valiosa do sangue de um coração humano se perde no vazio; todas as súplicas que chegam até Ela jamais ficam sem resposta, porque a Divina Mãe atende o seu clamor, oferecendo o Seu amparo divino, conforme a fé do suplicante. O fluxo emanado da força dessas orações, como você sabe, é uma força gigantesca que, vertendo da alma de todo um povo, fortalece-o com a firmeza do espírito, inabalável coragem, e a certeza da vitória que o conduz ao objetivo final.

Imantados por uma força incontrolável, acompanhamos o cortejo sagrado, e só então consegui vivenciar a sensação de total plenitude, deslizando sobre as ondas do Éter como um mergulho em águas calmas e cristalinas.

Devo acrescentar, contudo, que a composição do nosso corpo espiritual é bastante palpável, se bem que ele não é tão denso e pesado como o material. A senhora se lembra de que havíamos lido uma matéria sobre um cientista americano que pesou o corpo de uma pessoa que estava em agonia e, após à morte, o cadáver pesava bem menos?[3] Então, significa que o corpo astral tem o seu próprio peso, depois de deixar a vestimenta carnal.

Minha visão também estava mais apurada, e logo abaixo de mim pude avistar uma imensa área devastada: eram cidades, aldeias e pequenos povoados, todos saqueados e devastados pelo fogo, além de inúmeros acampamentos militares. No ar, pairavam como luzinhas tremeluzentes as almas humildes dos heróis que sacrificaram suas vidas, repletas de fé e coragem, para o bem da causa e pela defesa da pátria.

De repente, ouvi gritos e um caótico zumbido de vozes, e rajadas de vento frio nos sacudiram, impedindo-nos de avançar.

— Será que aqui também tem algum agrupamento de espíritos sofredores e impuros, como aquele que vimos antes? — perguntei, estremecendo de pavor.

— Sim, aqui também se reunem os necessitados, mas de um tipo diferente — respondeu Liza. — São as almas das vítimas que sofreram todas as atrocidades perpetradas pelos alemães: pessoas baleadas, mutiladas e queimadas vivas; em suma, todos os que morreram sofrendo de forma atroz, física e moralmente. Então, no mundo espiritual, eles continuam lutando contra o inimigo, efervecentes de ódio e sedentos de vingança, sufocando-se, envoltos em sua fúria impotente. Mas sem conseguirem superar todas essas emoções desordenadas, eles prolongam e agravam ainda mais os seus sofrimentos.

Uma profunda compaixão para com aqueles pobres infelizes, e um doloroso ressentimento contra os seus algozes, constringiu meu coração, e eu imediatamente senti que fui alçado para um espaço escuro e nebuloso, de onde irrompiam-se chamas ardentes e voavam pelos ares esferas amarelas, verdes e azuis. A fumaça escura e pardacenta, recortada por relâmpagos purpúreos e ameaçadores, era

---

3 Dr. Duncan MacDougall (1866-1920) foi um médico de Haverhill, em Massachusetts, Estados Unidos, que no início do século XX procurou medir a massa supostamente perdida por um corpo humano, quando a alma deixa o corpo após a morte.

acompanhada de gritos lancinantes de agonia e gemidos ensurdecedores como rugidos de feras selvagens. Numa comoção infernal, arrastava-se uma multidão de espíritos que não percebiam, evidentemente, que já haviam transpassado a fronteira do mundo invisível. Aquelas mulheres desgrenhadas, enlouquecidas de vergonha e desespero, as crianças assustadas, os homens inebriados de ódio e fúria, todos ainda viviam a sua realidade. O sangue derramado, o fogo que os abrasava e os horríveis ferimentos que cobriam os seus corpos mutilados, tudo representava para aqueles infelizes uma repetição infindável de sua dolorosa morte. Alheios ao fato de que eram espíritos desprovidos do corpo carnal e da força física dos músculos, e portanto não podiam estrangular os monstros alemães que se consideravam "gente", eles tentavam atacar o inimigo que parecia invisível, e a impossibilidade de agarrá-los despertava neles um frenesi ainda mais enlouquecedor.

Mudo de horror e tocado de profunda compaixão, olhando aquela visão estarrecedora, percebi subitamente alguns vultos luminosos que andavam no meio da multidão insandecida. Deles emanava uma luz com um fluxo prateado que espargia-se sobre os espíritos sofredores, aliviando-lhes a dor; e nos locais onde a calma retornava, ouvia-se a voz sonora de um pregador:

— Venham e arrependam-se, rebeldes e cegos! — disse ele.

— Conscientizem-se finalmente de que vocês retornaram à pátria espiritual quando foram retirados de sua vestimenta terrestre, e que vocês mesmos é que geraram para si os sofrimentos presentes. Com ódio, queixumes e sede de vingança, vocês lancinam aindas mais suas feridas e acorrentam-se ao lugar dos seus sofrimentos, renovando infinita e incessantemente os estertores derradeiros da sua morte. Seus invólucros carnais pereceram, e depende de vocês mesmos a cicatrização das chagas dos seus corpos espirituais para se tornarem livres. Sujeitem-se às leis imutáveis do Criador que direciona a alma rumo ao aperfeiçoamento! Inclinem-se diante da imutabilidade da Justiça Divina, expressa pelo Cristo em suas palavras, sábias e profundas: "E como vós quereis que os homens vos façam, da mesma maneira lhes fazei vós, também." [4]

Mas, se não conseguem elevar-se, perdoar seus algozes e

---

4 Lucas, 6:31- "E como vós quereis que os homens vos façam, da mesma maneira lhes fazei vós também".

Numa Noite de Natal

123

orar por eles, então olhem para trás e analisem suas vidas pretéritas. Assim, entenderão que foram alcançados pela Lei do Carma, e no tempo devido ela também punirá os algozes. Eles pagarão por todos os seus crimes, como vocês estão pagando agora, porque toda má ação já carrega em si a punição futura. Orem e agradeçam a Deus por conseguirem quitar suas dívidas para com a Justiça Celestial! Não piorem seus sofrimentos, nem agravem sua agonia por um ódio infrutífero. Repito-vos: orem! Olhem para o Espaço onde seus amigos, familiares e protetores estendem suas mãos dadivosas no intuito de ampará-los!

As exortações não foram em vão, e muitos espíritos sofredores cessaram a luta. Provavelmente a eles retornava a consciência da justiça divinamente sábia e, fazendo um grande esforço, eles tentavam orar, conseguindo logo depois um brando alívio nos seus sofrimentos.

Eu também me juntei a eles naquela oração fervorosa e resignada. Olhando para o meu passado, vi muitos acontecimentos da minha vida sob uma luz totalmente diferente. De fato, nós mesmos delineamos o nosso destino e, nos entregando a paixões desenfreadas, somos os únicos responsáveis pelos infortúnios futuros...

Depois eu encontrei o meu pai, e nós trabalhamos juntos nos campos de batalha, aliviando os sofrimentos e orientando os nossos irmãos desvalidos. Estou feliz pelas pequenas e boas ações que pude realizar.

Então não chore, querida mamãe, porque não suporto ver, sem sofrer, todas as suas lágrimas. Conforte-se imaginando que estou temporariamente ausente, como numa viagem. Em suas mãos a senhora tem a prova irrefutável de que seu filho vive a vida superior, e pela graça de Deus pode descrever-lhe todos esses conhecimentos e abrir seus olhos e seus horizontes para os muitos mistérios desconhecidos da multidão cega...

Tenho que terminar esta carta porque a força que me concedeu a oportunidade de me comunicar com a senhora está se esvaindo. Falta dizer-lhe, mamãe, que eu tenho um filho que agora tem um aninho e alguns meses. Ao saber da morte de Liza, eu escrevi uma carta para o pai dela, pedindo-lhe que, em caso de minha morte na guerra, ele lhe levasse o neto.

Eu vejo que neste momento o bebê já está a caminho e espero que a presença dele cure o seu coração ferido.

Não digo adeus, mas até breve!...

Sófia Andreievna se aprumou. Sua dor foi amenizada por aquela inusitada alegria, e o último dos sentimentos prevaleceu. Ela terá uma criança que preencherá sua vida: uma sagrada herança do filho querido. O Senhor confiou às suas mãos uma alma para educá-la e prepará-la para a vida.

Ela premeu os lábios carinhosamente no caderno misterioso, e depois orou fervorosamente, agradecendo a Deus pela abençoada consolação que havia recebido.

Só então notou que já tinha amanhecido. Ao apagar a lâmpada, descerrou as cortinas e olhou ansiosa pela janela, como que aguardando o pequenino hóspede. Mas agora cada minuto que passava parecia uma eternidade, e ela já começava a preocupar-se com a segurança da criança.

Os pensamentos de Sófia Andreievna foram interrompidos pela criada de quarto que, entreabrindo a porta, perguntou-lhe preocupada:

— A senhora não foi dormir? Está doente?

— Não, Anícia, eu estou bem e não me sinto cansada. Prepare-me um chá, por favor, e depois vamos arrumar algumas coisas para enviar à aldeia.

Ela resolveu iniciar, a partir daquele dia, as suas boas ações, enquanto aguardava a chegada daquele tesouro tão querido. Além do mais, os afazeres a ajudariam a matar o tempo.

Com a mão generosa, Sófia Andreievna separou muitas roupas, alimentos e agrados para as crianças, enchendo muitas trouxas, que enviou pelo criado ao padre. Num bilhete despachado para ele, sobre a distribuição dos donativos, ela pediu desculpas por não fazê-lo pessoalmente, alegando que um assunto importante a retinha em casa naquele dia. Sófia Andreievna não queria adiar a ajuda, e deixar de alegrar os pobres, justamente naquela data festiva.

Ao encerrar aquele assunto, ela retornou para o seu quarto, pegou o caderno novamente e começou a relê-lo; desta vez, com

Numa Noite de Natal

125

mais calma, examinando o conteúdo com redobrada atenção.

De repente, a porta se abriu interrompendo a leitura: Aní-cia, confusa, estava parada na soleira com um grande envelope nas mãos.

— Senhora, chegou uma idosa com uma criança trazendo esta carta e diz que é urgente.

Sófia Andreievna saltou da poltrona.

— É ele! — gritou, fechando apressadamente o caderno.

Entretanto, logo depois que a criada saiu da sala, ela não se conteve e correu atrás.

Na pequena sala de estar, encontrou Anícia ajudando a velhinha, de rosto sereno e bondoso, a tirar a roupa de frio de uma adorável criança que estava sentada na mesa.

Sófia Andreievna correu para ele, afastou delicadamente as duas mulheres e, apertando a criança junto ao peito, cobriu-a de beijos. O pequeno permitiu que ela o beijasse, sem demons-trar nenhum medo, e ainda lhe sorriu. Sófia não deixava de acariciá-lo, admirando-o.

Ela viu na criança o retrato vivo do falecido pai que, exa-tamente com aquela idade, tinha as mesmas madeixas escuras e os grandes olhos azuis.

Na hora do jantar, o menino, que se chamava Kólia como o pai, alimentou-se e adormeceu sereno no colo da avó. Ela o colocou temporariamente na sua cama, enquanto preparavam o antigo berço do seu falecido filho, que estava guardado como lembrança.

Logo depois, Sófia Andreievna abriu o envelope. Dentro, estavam uma Certidão de Casamento, a Certidão de Nascimen-to da criança, uma longa carta escrita pelo filho e um bilheti-nho, escrito com letras trêmulas talvez por uma pessoa idosa e doente.

Ao guardar os documentos, Sófia Andreievna sentou-se novamente junto à cama da criança e leu o bilhete, que dizia:

> Prezada Senhora, para cumprir a última vontade do meu genro, em caso de sua morte no campo de batalha, estou

lhe enviando o seu neto, junto com os documentos legais. Assim, confio em suas mãos o querido tesouro dos nossos filhos. Que nossa amada criança ajude-a a alcançar a paz de espírito e amenize a triste perda deste bom e nobre jovem, como era o seu falecido filho. Meus dias estão contados e eu não sobreviverei por muito tempo, junto às pessoas que amo. Mas gostaria de receber da senhora a notícia de que, com amor e alegria, o nosso neto foi acolhido. Se a senhora desejar me dar este último consolo, por favor, apresse-se, pois sinto que a morte está próxima.

"Escreverei hoje mesmo para ele dizendo que todas as minhas forças e o meu amor pertencem, de hoje em diante, ao meu querido netinho", pensou Sófia, beijando a mãozinha rechonchuda que estava perto dela, acima do cobertor.

— Kólia, meu querido filho, ajude-me, em sua memória, a fazer dele uma pessoa digna e honrada!

Ele tinha escrito aquela carta antes de sua morte, mas as lembranças da noite anterior não deixaram que ela ficasse abalada, amenizando na alma de Sófia Andreievna o sentimento amargo da perda irreparável do filho. A carta lhe parecia uma mensagem dele, ainda vivo.

O filho descrevia detalhadamente as circunstâncias do casamento e contava o quanto ele estava feliz com a esposa, que se destacava tanto pelo intelecto superior, como pelo coração; e que ele a ela tudo devia, principalmente, por tê-lo transformado em um homem melhor. Liza e o pai eram espíritas convictos, e o familiarizaram com essa grande ciência da alma. No fim da carta, ele mencionou o falecimento da esposa, vitimada por um ataque cardíaco, e pedia à mãe que transferisse para a criança todo amor que ela o cercava.

"Faça de Kólia um homem honesto e leal servo da pátria", terminou ele a carta. "Que ele jamais se esqueça de que nesta terrível guerra contra o diabólico inimigo, cruel e infame, todos, soldados e oficiais, sacrificaram igualmente as suas vidas para trazer à Rússia uma paz honrosa e assegurar à pátria o desenvolvimento e a prosperidade no futuro, destruindo para sempre o jugo do 'punho blindado alemão'. Durante toda essa difícil campanha, eu aprendi a amar e a valorizar o nosso soldado, com uma alma pura de criança e um coração de leão. Um *mujique*[5] russo é pobre e destituído de bens, mas rico em força de espírito, sabendo sacrificar-se heroicamente pela pátria. Ensine Kólia a orgulhar-se de pertencer ao grande povo e aconselhe-o a jamais se sacrificar ou se curvar diante dos estrangeiros insolentes. Esse é o seu dever à minha memória..."

Sófia Andreievna dobrou lentamente a carta do filho. Seus olhos estavam cheios de lágrimas, mas haviam perdido a sua amargura anterior. Agora ela estava convencida de que existia uma vida Além-túmulo, e que o seu filho não estava perdido para sempre; estava apenas invisível, mas próximo dela como antes. O vazio desesperador que dilacerava a sua alma nos últimos três meses e o sentimento agudo e atormentado da perda foi substituído por uma profunda resignação.

A partir de agora, ela não mais dividiria o seu tempo entre o cemitério e a apatia doentia; um novo mundo, com seus grandes mistérios e uma extensa literatura sobre a mais nobre das ciências que pesquisava os estados da alma e a vida do outro lado da morte, abriram-se para ela.

Entre as amigas conhecidas de Sófia, algumas eram espíritas convictas, das quais ela inúmeras vezes havia escarnecido de suas crenças. Mas agora iria reaproximar-se delas, para descobrir através dos seus conhecimentos o caminho para a comunicação com o seu filho, que lhe dera maravilhosas e irrefutáveis provas da existência após a morte.

Ele estava certo quando dizia que ela deveria começar uma nova vida. Além de dedicar todo o seu carinho e todas as suas forças à criação do neto, poderia ensinar-lhe através do seu próprio exemplo a viver uma vida voltada para a virtude. Com a mão generosa, faria de agora em diante todo o bem possível,

---

5 Mujique - Era a denominação dada ao camponês russo, normalmente antes do país adotar o regime socialista (1917). Ela indica um certo grau de pobreza, uma vez que a maioria dos mujiques eram servos (chamados de almas na Rússia).

em nome do filho morto, mas de maneira diferente de antes, quando simplesmente atirava à alguma instituição de caridade as migalhas de suas sobras.

De agora em diante, iria cooperar e mitigar a pobreza dos mais necessitados, e depositaria no "banco celestial" o capital do seu apoio sincero, favorecendo e auxiliando a vida e o destino dos órfãos e deserdados que os santos protetores haveriam de colocar no seu caminho. Nesse momento, ela se lembrou das palavras do Cristo, citadas pelo filho: "Quando o fizestes a um destes meus pequeninos irmãos, é a mim que o fizestes", e ela entendeu todo o sentido místico e profundo desta frase.

Novas forças afloraram no seu espírito, surgindo a premente necessidade de trabalhar com o coração e a alma.

Guardando a carta do filho na gaveta da escrivaninha, Sófia Andreievna viu na brochura de um livro que tinha lido no dia anterior uma epígrafe na página do título que saltou aos seus olhos: "A atividade dá a vida, a inatividade leva à morte", e ela leu em voz baixa.

— Que ensinamento sábio!... De agora em diante, você será o princípio orientador da minha vida, e eu tentarei fazer exatamente assim: que meu trabalho físico e mental nunca terminem — sussurrou convicta.

Pavlovsk, junho de 1915

Vera Ivanovna Kryzhanovskaia

Há mais de um século os livros de Rochester vêm encantando leitores no mundo todo e abrilhantando não só a literatura espírita, mas a literatura mundial.

John Wilmot, Conde de Rochester, assumiu perante a Espiritualidade a missão de divulgar e solidificar a doutrina espírita, revelando ao mundo material as leis que regem o Universo, elucidando e desmistificando, assim, os mistérios da então nascente doutrina. Para tanto, preparou desde cedo a jovem médium Vera Kryzhanovskaia, espírito querido e afim que serviria de intermediário na execução de sua importante tarefa.

Curiosamente, até então, escassas eram as informações a respeito da notável médium russa, provenientes principalmente de revistas francesas do final do século dezenove. Porém, novas biografias foram recentemente localizadas na Biblioteca Nacional russa, sediada em São Petersburgo, além de artigos encontrados na Internet, como o ensaio de Evguêny Kharitonov.

Vera Ivanovna Kryzhanovskaia descendia de uma antiga família nobre da província de Tambov, mas nasceu em Varsóvia no dia 14 de julho de 1861, onde seu pai – o general-major Ivan Antonovich Kryzhanovsky – comandava a brigada de artilharia. Sua mãe vinha de uma família de farmacêuticos. Desde cedo, a futura escritora recebeu uma boa educação e se interessava por História Antiga e ocultismo.

Aos dez anos de idade, seu pai morreu e a família ficou em situação econômica complicada. Vera, então, entrou numa associação beneficente de educação para moças nobres de São Petersburgo. No ano seguinte, em 1872, a família conseguiu matriculá-la na Escola Santa Catarina como bolsista, mas sua frágil saúde e problemas financeiros impediram-na de concluir o curso e, em 1877, ela foi dispensada e acabou por concluir sua educação em casa.

Segundo B. Vlodarzh, um dos principais biógrafos da escritora, um importante acontecimento deu novo rumo à vida de Vera. O espírito do poeta inglês J. W. Rochester (1647-1680), aproveitando os seus dons mediúnicos, materializou-se e propôs a ela que se dedicasse de corpo e alma ao serviço do bem e que escrevesse sob sua direção (Vera Ivanovna Kryzhanovskaia – Rochester. // *Ocultismo e Ioga*. Ed. 25. Assuncion, 1961, p. 32). É importante dizer que, após o contato com o seu guia espiritual, Vera aparentemente se curou de uma doença grave na época – a tuberculose crônica – sem interferência médica.

Vera Ivanovna começou a psicografar já aos dezoito anos.

De acordo com V. V. Scriabin, algo de "sobrenatural" acontecia quando ela escrevia: "Frequentemente, no meio de uma conversa, ela de repente se calava, ficava pálida e, passando a mão pelo rosto, começava a repetir a mesma frase: 'Dêem-me um lápis e um papel, rápido!' Geralmente, nessa hora, Vera sentava-se numa poltrona junto a uma pequena mesa, onde quase sempre havia um lápis e um bloco de papel. Sua cabeça ficava levemente jogada para trás e os olhos, semicerrados, concentravam-se num único ponto. De repente, ela começava a escrever sem olhar para o papel. Era a verdadeira escrita automática. (...) Esse estado de transe durava de 20 a 30 minutos, após o que Vera Ivanovna geralmente desmaiava. (...) As transmissões por escrito terminavam sempre com a mesma palavra: 'Rochester'. Conforme Vera, esse era o nome (ou melhor, o sobrenome) do Espírito que ela recebia." (V. V. Scriabin. Recordações. Ver # 65 da bibliografia, p. 24-25).

Um testemunho semelhante se pode encontrar nas "Anotações literárias", de M. Spassovsky: "No estado inconsciente, ela sempre escreve em francês... Seus escritos são traduzidos para o russo e, criteriosamente, redigidos ou pela própria autora ou por uma pessoa de sua confiança". (M. Spassovsky. Anotações literárias. – "Veshnie Vody", 1916, tomo 7-8, p. 145).

Em 1880, numa viagem à França, Vera Ivanovna participou com sucesso de uma sessão mediúnica. Muitos contemporâneos se surpreenderam com a sua produtividade, apesar da saúde débil. Por isso, apesar de muitos biógrafos e críticos afirmarem que sua escrita era puramente mediúnica e mecânica, como o doutor A. Aseev e L. Sokolova-Rydnina, outros prefeririam considerar Vera como escritora ou co-autora dos livros do que como simplesmente médium. De qualquer forma, desde as primeiras mensagens já aparecia a assinatura do Espírito Rochester. Atualmente, na Rússia e em vários países, muitos consideram Rochester somente como um pseudônimo ou como sobrenome de Vera.

Em 1886, foi publicado em Paris o seu primeiro livro, o romance histórico *Episódio da Vida de Tibério*, psicografado em francês, como assim foram as primeiras obras, nas quais a tendência para temas místicos já podia ser notada. Certamente,

Vera teve influência nas doutinas de Allan Kardec e, possivelmente, de Helena Blavatsky, de Papus, bem como o apoio de seu esposo S. V. Semenov,[1] que ocupava um cargo importante na chancelaria de Sua Majestade e, em 1904, foi nomeado "kamerguer".[2] Semenov era um famoso espírita e presidente do "Círculo de Pesquisas Psíquicas", de São Petersburgo. Entretanto, antes de conhecer Semenov, Vera já era uma poderosa médium e em suas sessões espíritas reuniam-se famosos médiuns europeus e eram frequentadas até pelo, então, príncipe Nicolau, futuro Czar Nicolau II. Há notícias de que lá lhe profetizaram o acidente de "Khodynka".[3]

Residindo provisoriamente em Paris, Vera produziu até 1890 uma sequência de romances históricos: *O Faraó Mernephtah*, *Abadia dos Beneditinos*, *Hatasu*, *O Chanceler de Ferro do Antigo Egito*, *Herculanum*, *O Sinal da Vitória*, *Noite de São Bartolomeu*, entre outros, que chamavam a atenção do público não somente pelos assuntos cativantes, mas pelas tramas emocionantes.

O crítico V. P. Burenin, elogiando o romance *Hatasu*, observava que "madame Kryzhanovskaia" conhecia o cotidiano dos antigos egípcios "talvez melhor do que o famoso romancista histórico Ebers"[4] (jornal "Novo e Vremia", 13 de janeiro de1895), o que não contradiz a verdade. Os livros escritos pela médium conseguiam reproduzir com surpreendente fidelidade o espírito da época histórica descrita nos romances e eram abundantes em detalhes interessantes. Pelo romance *O Chanceler de Ferro do Antigo Egito*, a Academia de Ciências da França concedeu-lhe o título de "Oficial da Academia Francesa"

---

1 S. V. Semenov - Em algumas referências bibliográficas, o nome da autora aparece como Vera Ivanovna Semenova, nome de casada da médium.
2 "kamerguer" - Antigo cargo das cortes monárquicas européias, originalmente surgido na Espanha Medieval (século XVI) e introduzido na Rússia por Catarina II, "a Grande". Era um título honroso que dava direito ao uso de um uniforme especial com uma chave dourada em uma cinta azul.
3 "Khodynka" - Alusão ao trágico acidente que leva o nome do campo noroeste de Moscou, palco da coroação do imperador Nicolau II, em 1896. Durante a distribuição de presentes, por negligência das autoridades, houve um grande tumulto, resultando no massacre e morte de 1.389 cidadãos e de outros 1.300, na multidão.
4 Georg Moritz Ebers (1837-1898) - Egiptólogo e romancista alemão. Em 1870 foi nomeado professor de arqueologia egípcia em Leipzig. Além de várias obras importantes sobre egiptologia, publicou uma série de romances históricos, pintando a vida do Egito; entre as mais conhecidas estão *Uma Princesa Egípcia*, *Uarda*, *Homo Sun*, *Surapis*, *A Noiva do Nilo* e *Cleópatra*.

Numa Noite de Natal

e, em 1907, a Academia de Ciências da Rússia lhe concedeu a "Menção Honrosa" pelo romance *Os Luminares Tchecos.*

Entretanto, embora muitos leitores apreciem os melodramas descritos nas relações amorosas, os chavões literários nas descrições dos personagens e o linguajar simples, porém exótico, a crítica séria sempre ignorava suas obras, como Gorky, no artigo "A Literatura do Vanhka" de 1899, citando que elas eram destinadas ao leitor de pouca cultura, com preferências para diversão e sensacionalismo. Mas os críticos jornalísticos encontravam em seus romances "um colorido brilhante, vida e precisão da base histórica" (A. P-v. – "Iuzh. Kray", 1894, 6 de fevereiro). Segundo avaliação de Helena Ivanovna Roerich,[5] "ela indubitavelmente merece respeito, pois seus livros trouxeram algum bem. Também é indubitável que a série "Os Magos" é incomparavelmente mais talentosa e rica em informações corretas do que as obras de muitos romancistas ocultistas posteriores". (Cartas de H.I. Rerikh, 1940, tomo 2, p. 134).

Paralelamente ao ciclo histórico, Vera iniciou a psicografia de livros com temas "ocultistas-cosmológicos" (segundo definição da própria autora), tornando-se a primeira representante da literatura de ficção científica e a única do romance ocultista na Rússia. Ocupando essa posição isolada na literatura, seus livros eram publicados no jornal "Svet", e mais tarde nos jornais "Mosk. Ved.", "Novoe Vremia", "Rus. Vest.", "Rodina" e "Pamsky Mir".

O tema principal nesses livros era a luta universal entre as forças divinas e satânicas, a interdependência das forças ocultas no ser humano e no Cosmo, os segredos da matéria original. A linha espiritual de ficção científica firmou-se nos romances seguintes, como *O Castelo Encantado*, *As Duas Esfinges*, na trilogia *O Terrível Fantasma*, *No Castelo Escocês* e *Do Reino das Trevas*, e abriu-se em todo seu esplendor na série mais popular da escritora – a pentalogia *Os Magos*, que inclui os romances *O Elixir da Longa Vida*, *Os Magos*, *A Ira Divina*, *A Morte do Planeta* e *Os Legisladores*.

No prefácio da versão original russa de *O Elixir da Longa*

---

5 Helena Ivanovna Roerich (1879-1955) - Escritora e ocultista russa; fundou, juntamente com seu esposo Nicholas, a sociedade Agni Yoga e escreveu vários trabalhos entre 1924 e 1937

Vida, Vera dizia que a série "foi escrita em forma de romance com o objetivo de facilitar a um grande círculo potencial de leitores o aprendizado dos princípios da ciência oculta, que são de difícil assimilação, abstratos e, por vezes, nebulosos". Naturalmente, com os conhecimentos atuais, muitos fatos descritos e narrados nos romances psicografados por Vera parecem inocentes e pueris. Entretanto, essa pentalogia está cheia de temas e ideias interessantes, com ênfase na luta entre o bem e o mal, não só no mundo cósmico e da natureza, mas também no meio social, condenando rigidamente a exploração, a degradação moral e a decadência da fé na sociedade. Talvez, pela primeira vez na ficção científica mundial, num romance tenha sido descrito o método de teletransporte como meio de transporte no Espaço. As naves espaciais chamaram a atenção do professor N. Rynin, autor da enciclopédia capital *As Viagens Espaciais.* Devemos salientar que o romance *A Morte do Planeta* é emocionalmente uma poderosa antiutopia e deve ser examinado como um romance "aviso de alerta". Ao ler a história da destruição da humanidade, fica-se surpreendido com que exatidão a escritora pressentiu muitos traços do futuro — o nosso presente —, com que veracidade estão profetizados (e descritos em detalhes) os momentos históricos da Rússia: revolução, destruição dos templos, ditadura e os problemas daquele país e do mundo atual. Na verdade, mesmo hoje em dia, a série *Os Magos* é uma leitura bastante atual que obriga ao pensamento e reflexão.

O romance *No Planeta Vizinho* também refere-se à ficção científica espacial. É uma utopia espacial de um governo ideal em Marte, uma monarquia e uma classe sacerdotal cheia de conhecimentos – semelhante à estrutura do Antigo Egito –, onde vai parar por acaso o herói principal – um terráqueo. O tema "governo ideal" também aparece no romance *Num Outro Mundo,* que se passa em Vênus.

Os temas dos livros não eram restritos à história e à ficção, mas também sociais, do cotidiano e de amor, como *Os Reckenstein, A Feira dos Casamentos* e *A Teia,* este político e pró-monarquista. É importante salientar que os primeiros filmes russos foram baseados nas novelas de Rochester *Cobra*

Capela, A Flor do Pântano e *Paraíso sem Adão*.

Não aceitando a Revolução Russa de 1917, na qual seu marido Semenov foi preso e morto na prisão "Kresty" — provavelmente em 1920 —, Vera Kryzhanovskaia emigrou com a filha para a Estônia. Mas lá, ela quase já não escrevia, faltavam meios para edição de livros. Todavia, em 1921, ainda publicava artigos no jornal "Poslednie Izvestia",[6] de Tallin, e no jornal "Narvsky Listok". Por mais de dois anos, teve de trabalhar na usina madeirense "Forest", onde o trabalho físico acima de suas forças afetou sua saúde. Não tinha dinheiro nem para editar um livro nem para viver normalmente.

A escritora faleceu na completa miséria no dia 29 de dezembro de 1924 na cidade de Tallin, capital da Estônia. "Ela faleceu num pequeno e humilde cômodo, sobre uma velha cama de ferro. Somente duas pessoas estavam presentes em seus últimos momentos: a filha Tamara[7] e um amigo fiel de sua casa". (Vs. Nymtak. Recordações. Tallin, 1935. Cit. Sobre "Ocultismo e Ioga", 1961, p. 44). A escritora foi enterrada no cemitério "Aleksandr Nevsky" de Tallin, onde seu túmulo pode ser visitado.

Segundo artigo do médico municipal, Dr. Fedorov, "(...) fico estarrecido com a frieza e indiferença com que a comunidade russa encarou os sofrimentos de uma escritora também russa que se encontrava numa situação financeira difícil. É duro acreditar que uma famosa escritora russa não tinha sequer sua própria camisola... Considero como obrigação moral registrar a indiferença que grande parte da sociedade demonstrou em relação à doença e à extrema penúria da escritora Vera Ivanovna Kryzhanovskaia, e também atestar a sensibilidade e a caridade da organização estoniana "Associação de luta contra a tuberculose". Essa organização abriu, por iniciativa própria, um crédito mensal de 2 mil marcos para a escritora para a compra de produtos alimentícios numa mercearia próxima e o fornecimento gratuito de lenha de fogão. O mesmo pode-se dizer do departamento municipal de desenvolvimento que, após a morte de Vera Ivanovna, expediu imediatamente uma quantia

---

6 "Poslednie Izvestia" - Tradução de "Últimas Notícias".
7 A filha de Vera veio a falecer em 1932, em Berlim, vítima de tuberculose.

de dinheiro para aquisição de um caixão e uma cruz decentes. O túmulo também foi oferecido gratuitamente e o padre que executou o rito fúnubre não cobrou por isso..." ("Poslednie Izvestia", 5 de janeiro de 1925).

Após sua morte, os livros de Vera continuaram a ser reeditados, principalmente em Riga, na Letônia, pela sociedade esotérica daquela cidade, e em Berlim até meados dos anos 30. É possível ainda encontrar alguns deles em edições recentes, dos dois últimos decênios. Além dos originais franceses e russos, alguns de seus livros foram traduzidos para vários idiomas, como o letão, lituano, esloveno, alemão, inglês, espanhol, polônes, tcheco e grande parte para o português.

Em mais 30 anos de trabalho, Rochester criou através de Vera Kryzhanovskaia mais de 80 obras, entre novelas e contos, mas, infelizmente, muitas edições e publicações foram praticamente perdidas em decorrência dos acontecimentos que sucederam à Revolução Russa. Surpreendentemente, após 75 anos da morte da memorável médium escritora, seus livros começam a ressurgir, e os russos — e todo o mundo — redescobriram seus preciosos trabalhos, os quais retornam aos leitores.

"Monumento no túmulo da famosa escritora no cemitério de Cizellin na cidade de Tallin." Inscrição no monumento: "Vera Kryzhanovskaia (Rochester) 1861-1924.

Ksenia
J. W. Rochester / Vera Ivanovna Kryzhanovskaia

Ivan Fiodorovitch não estava acostumado a sofrer. Em sua vida de prazer e egoísmo, nunca passara por uma luta moral interna. Mas, subitamente, recebeu um golpe do destino que abalou todo o seu ser e mudou completamente os seus sentimentos. Olhava agora para si mesmo com pavor e censura. Era um pai depravado!

Quem teria traçado aquele plano diabólico que se desencadeava em sua vida com conseqüências tão sinistras? Como suportaria enfrentar o terrível drama familiar causado por sua própria invigilância moral?

Sem fazer derramar uma só gota de sangue, ou se reportar a rituais satânicos, Rochester revela nesta obra até que ponto a maldade humana é capaz de chegar para executar as tramas de uma sórdida vingança.

Ksenia — O Calvário de uma Mulher pode chocar pela delicadeza do tema abordado, mas é obra cujo conteúdo vai levar o leitor a uma ampla reflexão sobre os valores morais.

NUMA NOITE DE NATAL
foi confeccionado em impressão digital, em agosto de 2021
Conhecimento Editorial Ltda
(19) 3451-5440 — conhecimento@edconhecimento.com.br
Impresso em Super Snowbright 70g. - Hellefoss AG